A BOLSA
E A VIDA

Dados Internacionais de Catalogação na Publicação (CIP)
(Câmara Brasileira do Livro, SP, Brasil)

Goff, Jacques Le, 1924-2014
   A bolsa e a vida : economia e religião na Idade Média / Jacques Le Goff ; tradução de Maria Ferreira. – Petrópolis, RJ : Vozes, 2022.

Título original: La bourse et la vie
Bibliografia.
ISBN 978-65-5713-512-9

   1. História eclesiástica – Idade Média, 600-1500 2. História econômica – Idade Média, 500-1500 I. Título.

22-109437   CDD-940.1

Índices para catálogo sistemático:
1. Idade Média : Europa : História   940.1

Cibele Maria Dias – Bibliotecária – CRB-8/9427

JACQUES LE GOFF

A BOLSA E A VIDA

Economia e religião na Idade Média

Tradução de Maria Ferreira

EDITORA VOZES
Petrópolis

© Hachette, 1986.
© Librairie Arthème Fayard/Pluriel, 2010.

Tradução realizada a partir do original em francês *La bourse et la vie. Économie et religion au Moyen Âge*

Direitos de publicação em língua portuguesa – Brasil:
2022, Editora Vozes Ltda.
Rua Frei Luís, 100
25689-900 Petrópolis, RJ
www.vozes.com.br
Brasil

Todos os direitos reservados. Nenhuma parte desta obra poderá ser reproduzida ou transmitida por qualquer forma e/ou quaisquer meios (eletrônico ou mecânico, incluindo fotocópia e gravação) ou arquivada em qualquer sistema ou banco de dados sem permissão escrita da editora.

CONSELHO EDITORIAL

Diretor
Gilberto Gonçalves Garcia

Editores
Aline dos Santos Carneiro
Edrian Josué Pasini
Marilac Loraine Oleniki
Welder Lancieri Marchini

Conselheiros
Francisco Morás
Ludovico Garmus
Teobaldo Heidemann
Volney J. Berkenbrock

Secretário executivo
Leonardo A.R.T. dos Santos

Editoração: Fernando Sergio Olivetti da Rocha
Diagramação: Sheilandre Desenv. Gráfico
Revisão gráfica: Alessandra Karl
Capa: WM design

ISBN 978-65-5713-512-9 (Brasil)
ISBN 978-2-8185-0194-8 (França)

Este livro foi composto e impresso pela Editora Vozes Ltda.

Em memória de Robert S. Lopez.

Sumário

Entre o dinheiro e o inferno: a usura e o usurário, 9
A bolsa: a usura, 17
O ladrão de tempo, 33
O usurário e a morte, 47
A bolsa e a vida: o purgatório, 65
"O coração também tem suas lágrimas", 83
Post-scriptum, 91
Referências, 93

Entre o dinheiro e o inferno: a usura e o usurário

A usura. Que fenômeno, mais do que este, oferece ao longo de sete séculos no Ocidente, do XII ao XIX, uma mistura tão explosiva de economia e de religião, de dinheiro e de salvação – expressão de uma longa Idade Média, em que os homens novos eram esmagados sob os símbolos antigos, em que a Modernidade abria arduamente um caminho entre os tabus sagrados, em que as artimanhas da história encontravam na repressão exercida pelo poder religioso os instrumentos do êxito terreno?

A formidável polêmica em torno da usura constitui de certa forma "o parto do capitalismo". Quem pensa nesse resíduo, nessa larva de usurário como o *pawnbroker* dos romances ingleses do século XIX e dos filmes hollywoodianos de depois da grande crise de 1929, torna-se incapaz de compreender o protagonista da sociedade ocidental – essa sombra monstruosa que paira sobre os progressos da economia monetária –, e as apostas sociais e ideológicas que se teceram em torno desse Nosferatu do pré-capitalismo. Vampiro duplamente aterrorizante da sociedade cristã, pois esse sugador de dinheiro é geralmente assimilado ao judeu deicida, infanticida e profanador de hóstia. Em um mundo onde o dinheiro (*nummus* em latim, *denier*, em francês) é "Deus"[1], onde "o dinheiro é vencedor,

---
1 Como Gautier de Châtillon denuncia em seus poemas goliárdicos no final do século XII.

o dinheiro é rei, o dinheiro é soberano (*Nummus vincit, nummus regnat, nummus imperat*)"[2]; onde a *avaritia*, a "cupidez", pecado burguês do qual a usura é de certa forma a filha, destrona o primeiro dos sete pecados capitais, a *superbia*, a "soberba", pecado feudal – o usurário, especialista do empréstimo a juro, torna-se um homem necessário e detestado, poderoso e frágil.

A usura é um dos grandes problemas do século XIII. Nessa época, a Cristandade, no ápice da vigorosa expansão que ela perseguiu desde o ano 1000, gloriosa, já se encontra em perigo. O crescimento e a difusão da economia monetária ameaçam os velhos valores cristãos. Um novo sistema econômico está prestes a se formar, o capitalismo, que para se pôr em movimento necessita senão de novas técnicas, pelo menos do uso maciço de práticas condenadas desde sempre pela Igreja. Uma luta encarniçada, diária, delimitada por proibições repetidas, na articulação dos valores e das mentalidades, tem por aposta a legitimação do lucro lícito que é preciso distinguir da usura ilícita.

Como uma religião, que opõe tradicionalmente Deus e o dinheiro, poderia justificar a riqueza, ao menos a riqueza mal-adquirida?

O Eclesiástico (31,5) dizia:
> Quem ama o ouro não permanecerá justo;
> quem corre atrás do lucro nele se perderá.

E o Evangelho o reverberou: Mateus, um publicano, coletor de impostos, que abandonou sua mesa coberta de prata para seguir Jesus, advertiu: "Ninguém pode servir a dois senhores. Pois ou odiará um e amará o outro, ou será fiel a um e abandonará o outro. Não podeis servir a Deus e a Mammon" (Mt 6,24). Mammon simboliza, na literatura rabínica tardia, a riqueza iníqua, o dinheiro. Lc 16,13 também havia testemunhado com as mesmas palavras.

---

2 Como se diz de Cristo na liturgia real e sobre os escudos de ouro cunhados por São Luís.

Mas, se os códigos, as leis, os preceitos, os decretos condenam a usura, Deus se interessa apenas pelos homens – assim como o historiador, que nas palavras de Marc Bloch considera os homens como "caça". Voltemo-nos então aos usurários. Para encontrá-los é preciso interrogar outros textos além dos documentos oficiais. A legislação eclesiástica e leiga se interessa prioritariamente pela usura, pela prática religiosa dos usurários. Onde encontrar o rasto dessa prática no século XIII? Em dois tipos de documentos provenientes de gêneros antigos que, na virada dos séculos XII e XIII, passaram por uma transformação essencial. Os primeiros reagrupam as *sumas* ou *manuais de confessores*. Ao longo da Alta Idade Média, as tarifas de penitência segundo a natureza dos atos pecaminosos eram consignadas nos *penitenciais*. Seguindo o modelo das leis bárbaras, eles consideravam os atos, nãos os atores. Ou seja, as categorias de atores eram jurídicas: clérigos ou leigos, livres ou não livres.

Mas, do final do século XI ao início do século XIII, a concepção do pecado e da penitência muda profundamente, se espiritualiza, se interioriza. Doravante, a gravidade do pecado é medida pela intenção do pecador. É preciso, portanto, examinar se essa intenção era boa ou má. Essa moral da intenção é professada por todas as escolas teológicas importantes do século XII, da de Laon às de Saint-Victor de Paris, de Chartres e de Notre-Dame de Paris, por todos os principais teólogos; no entanto, antagonistas sobre muitos outros problemas, Abelardo e São Bernardo, Gilberto de la Porrée e Pedro Lombardo, Pedro o Chantre e Alain de Lille. O resultado é uma profunda mudança na prática da confissão. De coletiva e pública, excepcional e reservada aos pecados mais graves, a confissão torna-se auricular, da boca ao ouvido, individual e privada, universal e relativamente frequente. O Quarto Concílio de Latrão (1215) marca uma data importante. Ele torna obrigatória a todos os cristãos – isto é, a todos os homens e mulheres – a confissão, ao menos uma vez por ano, na Páscoa. O penitente deve explicar seu pecado em função de sua situação familiar, social, profissional, das circunstâncias e de sua motivação. O confessor deve levar em conta esses parâmetros individuais, e tanto quanto a "satisfação", isto é, a penitência, e até mesmo mais, buscar a *confissão* do pecador, recolher sua *contrição*. Ele deve muito mais purificar uma pessoa do que castigar um erro.

Isso requer dos dois parceiros da confissão um enorme esforço ao qual não foram habituados pela tradição. O penitente deve se interrogar sobre sua conduta e suas intenções, se entregar a um exame de consciência. Uma frente pioneira está aberta: a da introspecção, que vai transformar lentamente os hábitos mentais e os comportamentos. É o início da modernidade psicológica. Caberá ao confessor fazer as perguntas adequadas a fim de conhecer seu penitente, de selecionar, de seu lote de pecados, os graves, mortais se não houver contrição nem penitência, e os mais leves, os veniais que podem ser redimidos. Os pecadores que morrem em estado de pecado mortal irão para o lugar tradicional da morte, do castigo eterno, o inferno. Aqueles que morrem carregados apenas de pecados veniais passarão um tempo mais ou menos longo de expiação em um lugar novo, o purgatório, que, purificados, purgados, eles deixarão pela vida eterna, o paraíso – no mais tardar no momento do juízo final.

Nessa nova justiça penitencial, o que acontecerá com o usurário? Os confessores, confrontados a uma situação nova, ao conteúdo muitas vezes novo para eles da confissão, às revelações ou às perguntas que os embaraçam, hesitantes em como conduzir o interrogatório, na penitência a infligir, precisam de guias. Para eles, teólogos e sobretudo canonistas escrevem sumas e manuais, eruditos e detalhados para os confessores instruídos e de alto nível, resumos para os padres simples e pouco cultivados. Mas ninguém escapa a esse exame. A usura tem seu lugar em todos esses guias. O usurário

menos, cujo exame comporta uma parte de avaliação personalizada deixada à apreciação do confessor.

O usurário aparece mais, em contrapartida, como o principal protagonista do segundo tipo de documentos: os *exempla*.

O *exemplum* é um relato curto, dado como verídico e destinado a ser inserido em um discurso (em geral um sermão) para convencer um auditório com uma lição salutar. A estória é curta, fácil de guardar, convence. Usa retórica e efeitos da narrativa, impressiona. Divertida ou, no mais das vezes, assustadora, ela dramatiza. O que o pregador oferece é um pequeno talismã que, se quiserem compreendê-lo e usá-lo, deve trazer a salvação. É uma chave para o paraíso.

Eis um dos numerosos *exempla* de usurários, emprestado de Jacques de Vitry, falecido pouco antes de 1240: "Um outro usurário muito rico, começando a lutar na agonia, começou a se afligir, a sofrer, a implorar à sua alma de não o abandonar, pois a tinha satisfeito, e prometia-lhe ouro e prata e as delícias deste mundo se aceitasse ficar com ele. Mas que não lhe pedisse em benefício nem dinheiro nem sequer esmola para os pobres. Percebendo, enfim, que não podia retê-la, enraiveceu-se e, indignado, lhe disse: "Preparei-lhe uma boa residência com abundância de riquezas, mas você se tornou tão louca e tão miserável que não quer descansar nessa boa residência. Vá embora! Eu a prometo a todos os demônios que estão no inferno". Pouco depois entregou o espírito nas mãos dos demônios e foi enterrado no inferno"[3].

É apenas um esquema; a partir desse modelo, o pregador vai inventando novos detalhes. Representa com a voz e suas entonações, gesticula – a matéria por si só é impressionante. Ela deve ter sido presenciada por milhões de ouvintes. Pois o sermão é na Idade Média a grande *mídia* que alcança, em princípio, todos os fiéis. Mas, como sabemos, principalmente graças a um *exemplum* envolven-

---
3 Sermão *Ad status*, n. 58, 17.

do São Luís, às vezes, durante o sermão, alguns homens trocam a *igreja* pela sua grande concorrente, a *taberna*, que oferece bem ali na frente uma tentação permanente. Quando isso ocorreu em sua presença, São Luís, escandalizado, fez retornar para a boa palavra os paroquianos perdidos. Além disso, o século XIII vê um grande renascimento da pregação. Confrontada aos hereges – é o apogeu dos cátaros –, à evolução de um mundo que oferece aos cristãos mais e mais prazeres terrenos, a Igreja escolheu falar. A uma sociedade em plena transformação, ela dirige uma palavra muitas vezes inédita e trata da vida cotidiana. Algumas ordens novas, que opõem à riqueza crescente o valor espiritual da pobreza, acabam de nascer: ordens mendicantes, entre as quais as duas mais importantes, franciscanos e dominicanos – estas últimas formam a ordem dos Pregadores – se especializam na pregação. Depois de ter pregado a Cruzada, prega-se a reforma. Com vedetes que atraem as multidões. Embora secular, Jacques de Vitry foi uma delas: pregador ainda da Cruzada, mas sobretudo pregador da nova sociedade. Seus modelos de sermões com seus esquemas de *exempla* foram amplamente reproduzidos e difundidos para além até mesmo do século XIII. E essa estória, que talvez contenha uma anedota de sucesso, evoca o momento mais angustiante da vida do cristão, a agonia. Ela coloca em cena a dualidade do homem: sua alma e seu corpo, o grande antagonismo social do rico e do pobre, esses novos protagonistas da existência humana que são o ouro e a prata, e se termina com a pior conclusão de uma vida: o apelo do insensato aos demônios, a evocação dos diabos com mãos que torturam e o enterro dos condenados aqui na terra e no além. Rejeitado pela terra cristã, o cadáver do usurário impenitente é rapidamente e para sempre enterrado no inferno. Para o bom entendedor, salvação! Usurários! Eis vosso destino. Esta é a fonte essencial onde iremos buscar o usurário da Idade Média, nessas anedotas que foram ditas, ouvidas e que circularam.

A usura é um pecado. Por quê? Que maldição atinge essa bolsa que o usurário enche, que ele venera, da qual quer se separar tanto quanto Harpagão de seu tesouro e que o leva à morte eterna? Para se salvar será preciso largar sua bolsa ou então encontrará, encontrarão para ele, o meio de guardar a bolsa *e* a vida, a vida eterna? Eis o grande combate do usurário entre a riqueza e o paraíso, o dinheiro e o inferno.

A bolsa: a usura

Falamos de usura e às vezes os textos e os homens da Idade Média também usam, no singular, *usura*. Mas a usura tem muitas faces. No mais das vezes, os documentos do século XIII empregam o termo no plural: *usurae*. A usura é um monstro de várias cabeças, uma hidra. Jacques de Vitry, em seu sermão modelo 59, consagra o terceiro parágrafo à evocação dessa usura de formas múltiplas: *De multiplici usura*. E Thomas de Chobham, em sua *Summa*, depois de ter definido a "usura em geral", descreve seus "diferentes casos" (capítulo IV: *De variis casibus*) e, no final, retorna (capítulo IX) aos "outros casos de usura". A usura designa uma multiplicidade de práticas, o que complicará o estabelecimento de uma fronteira entre o lícito e o ilícito nas operações que contêm juros. Essa distinção, difícil mas necessária, entre usura e juro, essa horrível fascinação de um animal multiforme, ninguém as sentiu melhor do que Ezra Pound no século XX.

> O mal é a usura, *neschek*
> a serpente
> *neschek* cujo nome é conhecido, a corruptora,
> além da raça e contra a raça
> a corruptora
> Τόκος hic mali medium est
> Aqui está o centro do mal, o ígneo inferno sem sossego,
> A gangrena corrompendo todas as coisas, Fafnir o verme,

> Sífilis do Estado, de todos os reinos,
> Excrescência do bem comum,
> Fazedora de quistos, corruptora de todas as coisas.
> Escuridão, a corruptora,
> Má gêmea da inveja,
> Serpente das sete cabeças, Hidra, penetrando em todas as coisas[4].

Mas também há *usura*, a usura em si, denominador comum de um conjunto de práticas financeiras proibidas. A usura é a cobrança de juros por um emprestador em operações que não devem originar juro. Não é, portanto, o recebimento de *todo e qualquer* juro. Usura e juro não são sinônimos, nem usura e lucro: a usura intervém ali onde não há produção ou transformação material de bens concretos.

Thomas de Chobham introduz sua exposição sobre a usura com estas considerações: "Em todos os outros contratos posso esperar e receber um lucro (*lucrum*), ou seja, se eu lhe tivesse dado alguma coisa poderia esperar um contradom (*antidotum*), isto é, uma réplica ao dom (*contra datum*) e poderia esperar *receber*, uma vez que fui o primeiro a lhe dar. Da mesma forma, se lhe tivesse emprestado minhas roupas ou meu mobiliário poderia esperar receber um preço por eles. Por que não ocorreria o mesmo se lhe tivesse emprestado meu dinheiro (*denarios meos*)?"[5]

Está claro: é o estatuto do *dinheiro* na doutrina e na mentalidade eclesiásticas da Idade Média que é a base da condenação da usura. Não me dedicarei aqui a um estudo propriamente econômico, que deveria aliás levar em conta a maneira – muito diferente da nossa – pela qual são percebidas as realidades que isolamos hoje para fazer delas o conteúdo de uma categoria específica: a econômica. O único historiador e teórico moderno da economia que pode nos ajudar a

---

4 POUND, E. *Os cantos*. Trad. de José Lino Grünewald. Rio de Janeiro: Nova Fronteira.
5 CHOBHAM, T. *Summa confessorum*. Lovaina: F. Broomfield, 1968, p. 504, questão XI.

compreender o funcionamento do "econômico" na sociedade medieval é Karl Polanyi (1886-1964).

Para evitar qualquer anacronismo na tentativa de analisar o fenômeno medieval da usura em uma perspectiva econômica é preciso reter duas observações de Polanyi e de seus colaboradores. A primeira, emprestada de Malinowski, refere-se ao campo do dom e do contradom: "Na categoria das transações, que supõe um contradom economicamente equivalente ao dom, encontramos um outro fato desconcertante. Trata-se da categoria que, segundo nossas concepções, deveria praticamente se confundir com o comércio. E não é bem assim. Ocasionalmente, a troca se traduz pelo vai e vem de um objeto rigorosamente idêntico entre os parceiros, o que retira assim da transação todo objetivo ou toda significação econômica imaginável! O simples fato de o porco retornar a seu doador, mesmo por via indireta, a troca dos equivalentes, em vez de se orientar para a racionalidade econômica, revela-se como uma garantia contra a intrusão de considerações utilitárias. O único objetivo da troca é estreitar a rede de relações reforçando os laços de reciprocidade"[6].

É claro que a economia do Ocidente do século XIII não é a economia dos indígenas das Ilhas Trobriand no início do século XX; mas, se ela é mais complexa, a noção de *reciprocidade* domina a teoria das trocas econômicas em uma sociedade fundada nas "redes de relações" cristãs e feudais.

A segunda concepção utilizável de Polanyi é a de *encastramento* e de *análise institucional*: "Temos de deixar de lado a noção bem-enraizada segundo a qual a economia é um terreno de experiência do qual os seres humanos necessariamente sempre estiveram conscientes. Para empregar uma metáfora, os fatos econômicos estavam na origem *encastrados* em situações que não eram em si mesmas de natureza econômica, não mais que os fins e os meios que eram es-

---

6 POLANYI, K.; ARENSBERG, E.C. *Systèmes* économiques dans *l'histoire et dans la théorie*. Paris, 1975, p. 100-101.

sencialmente materiais. A cristalização do conceito de economia foi uma questão de tempo e de história. Mas nem o tempo nem a história não nos deram os instrumentos conceituais necessários para penetrar no labirinto das relações sociais nas quais a economia está encastrada. Esta é a tarefa daquilo que chamaremos a *análise institucional*"[7]. Acrescento de bom grado a análise cultural e psicológica. Mostrar homens, os usurários, no agregado de relações sociais, de práticas e de valores em que o fenômeno econômico da usura está encastrado, é realmente a ambição deste ensaio. Em outras palavras, é à globalidade da usura, através do comportamento e da imagem de seus praticantes, os usurários, que nossa análise se dedica.

Os homens da Idade Média, confrontados com um fenômeno, buscavam seu modelo na Bíblia. A *autoridade* bíblica fornecia a um só tempo a origem, a explicação e o modo de uso do caso em questão. O que permitiu à Igreja e à sociedade medievais não serem paralisadas pela autoridade bíblica e constrangidas à imobilidade histórica, é que a Bíblia se contradiz com frequência (*sic et non*, sim e não) e que, como dizia Alain de Lille no final do século XII, "as autoridades têm um nariz de cera" – maleável ao gosto dos exegetas e dos utilizadores.

Mas, em relação à usura, parecia não haver contradição nem falha em sua condenação. São essencialmente cinco os textos da Sagrada Escritura que tratam da usura. Quatro pertencem ao Antigo Testamento.

1) "Se emprestares dinheiro a alguém de meu povo, a um pobre que vive ao teu lado, não agirás como um agiota. Não lhe deves cobrar juros" (Ex 22,24).

Essa proibição que será imposta à comunidade judaica também é respeitada pelos cristãos, conscientes na Idade Média de formar

---

[7] Ibid., p. 237.

uma fraternidade na qual o *pobre*, especialmente, tem direitos particulares. O renascimento do valor de pobreza no século XIII tornará ainda mais agudo o sentimento de indignidade do usurário cristão.

2) "Se o irmão que vive a teu lado cair na miséria e estiver sem recursos, sustenta-o como se fosse um estrangeiro ou um agregado, para que viva contigo. Dele não receberás juros nem lucro. Teme a Deus para que teu irmão possa viver contigo. Não lhe emprestes dinheiro a juros nem víveres por usura" (Lv 25,35-37).

Texto particularmente importante por sua versão latina na Vulgata de São Jerônimo, que se impôs na Idade Média e que diz na última frase: *"Pecuniam tuam non dabis ei ad usuram et frugum sperabundatiam non exiges"*, isto é, palavra por palavra; "Não lhe darás teu dinheiro com usura e não exigirás uma superabundância de víveres". Dois termos foram retidos pelo cristão e mantiveram na Idade Média toda sua eficácia: *"ad usuram"* "com usura" – neste caso é realmente a usura que é proibida – e *"superabundantia"*, a superabundância, o "excedente", é o excesso que é condenado.

3) "Não exigirás de teus irmãos juro algum, nem por dinheiro, nem por víveres, nem por coisa alguma que se empresta a juros" (Dt 23,20).

Notemos aqui o emprego (*non foenerabis fratri tuo*), pela Vulgata, de uma palavra emprestada do direito romano: *fenerare*, "emprestar a juros", "praticar a usura", o que favorecerá a construção no século XII de uma legislação antiusurário romano-canônica. Quanto à autorização para exercer a usura em relação ao estrangeiro, ela funcionou na Idade Média no sentido judaico-cristão, mas não no sentido inverso, pois os cristãos medievais não consideraram os judeus como estrangeiros. Em contrapartida, eles assimilaram os inimigos aos estrangeiros e, em caso de guerra, podem licitamente praticar a usura contra o adversário. O *Decreto* de Graciano (por volta de 1140), matriz do direito canônico, retomou a fórmula de Santo Ambrósio "*Ubis ius belli, ibi ius usurae* (Ali onde há o direito de guerra, há o direito de usura)".

> 4) O usurário não pode ser o hóspede de Javé segundo o Sl 14:
> Quem, SENHOR, poderá hospedar-se em tua tenda?
> Quem poderá habitar em teu monte santo?
> Aquele que age com retidão
> .....
> não empresta seu dinheiro com usura.

Nesse salmo, o cristão da Idade Média viu a recusa do paraíso ao usurário.

A esses quatro textos do Antigo Testamento podemos acrescentar a passagem em que Ezequiel (18,13), entre os violentos e os sanguinários que despertam a cólera de Javé, cita "aquele que empresta com usura e cobra juros", e onde ele profetiza: "com certeza morrerá: é responsável pela própria morte". Jerônimo e Agostinho começaram esse julgamento de Ezequiel.

5) Por fim, no Novo Testamento, o Evangelista Lucas retomou, ampliando-a, a condenação veterotestamentária, estabelecendo assim a estrutura constante necessária para que os cristãos da Idade Média considerassem a *autoridade* das Sagradas Escrituras como bem-estabelecida: "Se emprestais àqueles de quem esperais receber, que recompensa tereis? Também os pecadores emprestam aos pecadores, para deles receberem igual favor. Ao contrário, amai os vossos inimigos, fazei o bem e emprestai sem nada esperar em troca" (Lc 6,34-35). O que mais contou na Idade Média é o final do texto de Lucas: "*Mutuum date, nihil inde sperantes*", porque a ideia de emprestar sem nada esperar se expressa por meio de duas palavras-chave da prática e da mentalidade econômicas medievais: *mutuum* que, retomada do direito romano, designa um contrato que transfere a propriedade e consiste em um empréstimo que deve permanecer

gratuito, e o termo *sperare*, a "esperança", que na Idade Média designa a espera interessada de todos os atores econômicos engajados em uma operação implicando o *tempo*, inscrevendo-se em uma *espera* remunerada seja por um benefício (ou uma perda), seja por um lucro (lícito ou ilícito).

Depois vem uma longa tradição cristã de condenação da usura. Os Padres da Igreja expressam seu desprezo pelos usurários. Os cânones dos primeiros concílios proíbem a usura aos clérigos (cânone 20 do Concílio de Elvira, por volta de 300; cânone 17 do Concílio de Niceia, 325), depois estendem a proibição aos leigos (Concílio de Clichy, em 626). Sobretudo Carlos Magno, legislando em relação ao espiritual e ao temporal, proíbe tanto aos clérigos como aos leigos a usura pela *Admonitio generalis* de Aix-la-Chapelle desde 789. É, portanto, um opressivo passado de condenação pelos poderes, eclesiástico e leigo, que pesa sobre a usura. Mas, em uma economia contraída, em que o uso e a circulação da moeda permanecem fracos, o problema da usura é secundário. São, aliás, alguns monastérios que fornecem até o século XII o essencial do crédito necessário. No final do século, o papa lhes proibirá sua forma preferida de crédito, o *mort-gage*, "empréstimo garantido por um imóvel cujo arrendador recebe os rendimentos"[8].

Quando a economia monetária se generaliza, durante o século XII, que a roda da fortuna gira mais rápido para os cavaleiros e os nobres, e também para os burgueses das cidades que fervilham de trabalho e de negócios e se emancipam, a senhora Usura torna-se uma grande personagem. A Igreja se agita, o direito canônico nascente e em breve a escolástica, que se esforça para pensar e ordenar as relações da nova sociedade com Deus, procuram rechaçar a inflação usurária. Começo aqui a litania das principais medidas conciliares e dos textos mais importantes apenas para assinalar a

---

8 LE BRAS, G. Usure. *Dictionnaire de Théologie Catholique*, 1950, col. 2.356.

extensão e a força do fenômeno, e a teimosia da Igreja em combatê-lo. Cada concílio, Latrão II (1139), Latrão III (1179), Latrão IV (1215), o segundo Concílio de Lyon (1274), o Concílio de Viena (1311), contribui com sua pedra para o muro da Igreja destinado a conter a vaga usurária. O Código de Direito Canônico se enriquece também com uma legislação contra a usura. Graciano, por volta de 1140, em seu *Decreto*, reúne a documentação das Sagradas Escrituras e patrística (29 "autoridades"). A decretal *Consuluit* de Urbano III (1187) ocupará no segundo quartel do século XIII seu lugar no Código entre as *Decretais* de Gregório IX. Os teólogos não ficam para trás. O bispo de Paris, Pedro Lombardo, falecido em 1160, em seu *Livro das sentenças*, que será no século XIII o manual universitário dos estudantes de teologia, retomando Santo Anselmo que, na virada do século XI ao XII, foi o primeiro a assimilar a usura a um *roubo*, situa a usura, forma de rapina, entre as proibições do quarto mandamento. "Não roubarás (*Non furtum facies*)". O Cardeal Roberto de Courçon, cônego de Noyon, que reside em Paris desde 1195, antes de dirigir a cruzada contra os albigenses em 1214 e de dar à jovem Universidade de Paris seus primeiros estatutos (1215), inserira em sua *Suma*, anterior ao Concílio de Paris de 1213, no qual introduziu medidas rigorosas contra os usurários, um verdadeiro tratado *De usura*. Sua proposta é combater esse flagelo, que ele considera, junto com a heresia, como o grande mal de sua época, com uma vasta ofensiva que seria concebida por um concílio ecumênico. No usurário ele não vê senão – retornarei a esse ponto – um ocioso, e para ele a ociosidade é a mãe de todos os vícios. O concílio, presidido pelo papa, em que se reuniriam todos os bispos e todos os príncipes, ordenaria a cada cristão, sob pena de excomunhão e de condenação, trabalhar espiritual ou corporalmente e ganhar seu pão com o suor de seu rosto, segundo o preceito de São Paulo. "Assim, conclui, todos os usurários, rebeldes e rapinadores desapareceriam, poderiam dar esmolas e prover as igrejas e tudo voltaria a seu estado original"[9]. Depois dessa utopia antiusurária, todos os grandes escolásticos consagram à usura uma parte mais ou menos importante de suas sumas. É o caso de Guilherme d'Auxerre, bispo de Paris, falecido em 1248[10], de São Boaventura e de Santo Tomás de Aquino[11], falecidos em 1274. Quanto a Gilles de Lessines, discípulo de Tomás de Aquino, ele compõe entre 1276 e 1285 um tratado completo sobre as usuras, *De usuris*.

Entre meados do século XII e meados do século XIII a recrudescência das condenações da usura se explica pelo temor da Igreja de ver a sociedade transtornada pela proliferação das práticas usurárias. O Terceiro Concílio de Latrão (1179) declara que um número excessivo de homens abandona seu estado, seu ofício para se tornar usurário. No século XIII, o Papa Inocêncio IV e o grande canonista Hostiensis temem a deserção dos campos por causa dos camponeses tornados usurários ou privados de rebanho e de instrumentos de trabalho pelos donos de terras, que também foram atraídos pelos ganhos da usura. O atrativo da usura faz aparecer a ameaça de um recuo da ocupação dos solos e da agricultura e com ela o espectro da fome.

As definições medievais da usura vêm de Santo Ambrósio: "A usura é receber mais do que foi dado (*Usura est plus accipere quam dare*)"[12], de São Jerônimo: "Chama-se usura e excedente a qualquer coisa, caso se receba mais do que foi dado (*Usuram appelari et superabundantiam quidquid illud est, si ab eo quod dederit plus acceperit*)"[13], do capitular de Nimègue (806): "A usura existe ali onde se exige mais do que foi dado (*Usura est ubi amplius requiritur quam*

---

9 LEFÈVRE, G. (org.). Le Traité *De usura* de Robert de Courçon. *Travaux et mémoires de l'université de Lille*, t. X, n. 30, 1902, p. 35.
10 D'AUXERRE, G. *Summa in IV libros sententiarum*, liv. III, tr. XXVI.
11 Sobretudo na *Suma teológica*, II^a II^{ae}, q. 78.
12 Breviarium in ps. LIV. In: *Patrologie Latine*, t. XVI, vol. 982.
13 Commentaire sur Ezéchiel, XVIII, 6. In: *Patrologie Latine*, t. XXV, col. 117.

datur", e do *Decreto* de Graciano: "Tudo o que é exigido para além do capital é usura (*Quicquid ultra sortem exigitur usura est*)"[14].

A usura é o excedente, ilícito, o excesso ilegítimo.

A decretal *Consuluit* de Urbano III (1187), integrada ao Código de Direito Canônico, é com certeza o que mais bem expressa a atitude da Igreja em relação à usura no século XIII:

- A usura é tudo o que é pedido em troca de um empréstimo para além do próprio bem emprestado.
- Pedir uma usura é um pecado proibido pelo Antigo e pelo Novo testamentos.
- A simples esperança do retorno de um bem superior ao próprio bem é um pecado.
- As usuras devem ser integralmente *restituídas* ao seu verdadeiro dono.
- Preços mais elevados por uma venda a crédito são usuras implícitas.

Tomás de Chobham na mais antiga *Suma dos confessores* conhecida, redigida em grande parte antes de 1215 e provavelmente posta em circulação em 1216, baseia a usura unicamente nas autoridades do Novo Testamento e do direito canônico:

"E o Senhor diz no Evangelho: 'emprestai sem nada esperar em troca' (Lc 6,35). E o cânone diz: 'Há usura ali onde se exige mais do que se dá' (*Decreto* de Graciano, c. 4, CXIV, q.3, retomando o capitular de Nimègue de 806), seja o que for e mesmo se não receber, só de conceder a esperança de receber (*Decreto*, c. 12, comp. I, v. 15, retomado pelo decreto *Consuluit*)"[15].

Elemento capital: a usura é mais do que um crime, é um *pecado*. Guilherme d'Auxerre diz: "Dar com usura é em si e por si só um pecado"[16]. É antes de mais nada um pecado como forma de *avaritia*,

---

14 GRACIANO. *Decreto*, C. 14, q. 3, c. 4.
15 CHOBHAM, T. *Summa confessorum*. Op. cit., p. 504.
16 D'AUXERRE, G. *Summa in IV libros sententiarum*. Op. cit., liv. III, tr. XXVI.

de cupidez. Cupidez que Tomás de Chobham coloca de imediato no plano espiritual: "Há duas espécies de *avaritia* detestáveis que são punidas por um veredicto judiciário: a usura e a simonia [tráfico de bens espirituais], de que falarei mais adiante. Em primeiro lugar a usura"[17].

O dominicano Étienne de Bourbon, meio século mais tarde, diz a mesma coisa: "Como falei da *avaritia* em geral, devo falar agora de algumas de suas formas, e antes de mais nada da usura..."[18]

A usura é em primeiro lugar o *roubo*. Essa identificação proposta por Santo Anselmo (1033-1109) em suas *Homilias e Exortações*[19] e retomada no século XII por Hugo de Saint-Victor, Pedro o Comedor, e Pedro Lombardo, acaba substituindo a noção tradicional da usura definida como "lucro vergonhoso" (*turpe lucrum*).

O roubo usurário é um pecado contra a *justiça*. Como bem diz Tomás de Aquino: "É pecado receber dinheiro como prêmio pelo dinheiro emprestado, o que é receber uma usura"? Resposta: "Receber uma usura pelo dinheiro emprestado é em si *injusto*: pois se vende o que não existe, instaurando assim manifestamente uma *desigualdade* contrária à *justiça*"[20].

Ora, talvez ainda mais do que o século XII, o século XIII é o da justiça.

A justiça é por excelência a virtude dos reis. Os espelhos dos príncipes que traçam um retrato do rei ideal insistem na necessidade de que ele seja justo. Justiça que é acompanhada de um progresso das práticas e das instituições judiciárias: inquiridores reais, parlamentos. Sob São Luís, pela primeira vez e antes dos outros príncipes cristãos, aparece na mão esquerda do rei da França, simbólica, no

---

17 CHOBHAM, T. *Summa confessorum*. Op. cit., p. 504.
18 MARCHE, A.L. *Anecdotes historiques, légendes et apologues tirés du recueil inédit d'Etienne de Bourbon, dominicain du XIIIe siècle*. Paris, 1877, p. 361-362.
19 *Patrologie Latine*, t. CLVIII, col. 659.
20 *Suma teológica*, II^a II^{ae}, q. 78.

lugar da *vara*, a *mão de justiça*, nova insígnia do poder real. Joinville lega à posteridade a imagem do próprio santo rei exercendo a justiça sob o carvalho de Vincennes.

Essa inquietação com a *justiça* torna-se, ao mesmo tempo, uma ideia-força no campo da economia, penetrada tanto pela ideologia religiosa quanto pela ética. Os dados fundamentais da atividade econômica, do mercado que começa a se organizar, são o *preço justo* e o *salário justo*. Ainda que de fato o preço "justo" seja apenas aquele, precisamente, do mercado, a exigência de justiça está presente. A usura é um pecado contra o preço justo, um pecado *contra a natureza*. Essa afirmação pode surpreender. E, no entanto, tal foi a concepção dos clérigos do século XIII, e dos leigos influenciados por eles. A usura não se aplica senão à percepção de juros *em dinheiro sobre dinheiro*.

Um texto surpreendente falsamente atribuído a São João Crisóstomo, datando provavelmente do século V, foi inserido na segunda metade do século XII no Código de Direito Canônico. Nele está escrito: "De todos os mercadores, o mais maldito é o usurário, pois ele vende uma coisa dada por Deus, não adquirida pelos homens [ao contrário do mercador] e, depois da usura, ele retoma a coisa, com o bem de outrem, o que o mercador não faz. Haverá objeção: aquele que arrenda um campo ou uma casa para embolsar um aluguel, não se assemelha àquele que empresta seu dinheiro a juros. Com certeza não. Primeiro porque a única função do dinheiro é o pagamento de um preço de compra; depois, o arrendatário faz frutificar a terra, o locatário desfruta da casa; nesses dois casos, o proprietário parece dar o uso de sua coisa para receber dinheiro, e de uma certa forma, trocar ganho por ganho, ao passo que do dinheiro avançado, ele não pode fazer uso algum; por fim, o uso esgota pouco a pouco o campo, degrada a casa, ao passo que o dinheiro emprestado não sofre nem diminuição nem envelhecimento".

O dinheiro é infecundo. Mas a usura gostaria que ele gerasse rebentos. Tomás de Aquino diz, depois de ter lido Aristóteles: "*Nummus non parit nummos*, (O dinheiro não se reproduz)". Não, como bem explicou Jean Ibanès[21], que os teólogos e os canonistas da Idade Média tenham recusado qualquer produtividade ao dinheiro, ao capital; mas no caso do empréstimo a juros, do *mutuum*, fazer o dinheiro gerar dinheiro é contra a natureza. Tomás de Aquino afirma: "A moeda [...] foi principalmente inventada para as trocas; assim seu uso próprio e primeiro é ser consumida, gasta nas trocas. Em seguida, é injusto em si receber um prêmio pelo uso do dinheiro emprestado; é nisso que consiste a usura"[22]. Também para São Boaventura, o dinheiro é *em si* improdutivo: "O dinheiro em si e por si não frutifica, mas o fruto vem de outro lugar"[23].

Em uma espécie de parábola, "A vinha e a usura", Tomás de Chobham constata: "O dinheiro que dorme não produz *naturalmente* nenhum fruto, mas a vinha é *naturalmente* frutífera"[24]. No entanto, por falta de fecundidade natural, havia se considerado desde a Alta Idade Média em fazer o dinheiro "trabalhar". Já em 827, em seu testamento (cuja autenticidade foi contestada), o doge de Veneza, Partecipazio, fala de *solidi laboratorii*, "de dinheiro que trabalha". Dinheiro dado com usura ou "investido" na perspectiva de um lucro justo? No século XIII, teólogos e canonistas constatam com estupor que o dinheiro usurário, de fato, "trabalha". Esse escândalo é repercutido pelos autores de coletâneas de *exempla* e pelos pregadores.

---

21 IBANÈS, J. *La Doctrine de l'Eglise et les réalités économiques au XIIIe Siècle*: l'interêt, les prix et la monnaie. Paris, 1967, p. 20-22.

22 *Suma teológica*, II[a] II[ae], q. 78. art. 1, apud IBANÈS, J. *La Doctrine de l'Eglise et les réalités économiques au XIIIe Siècle*: l'interêt, les prix et la monnaie. Op. cit., p. 19.

23 *In tertium sententiarum*, dist. XXXVII, dub. VII, apud IBANÈS, J. *La Doctrine de l'Eglise et les réalités économiques au XIIIe Siècle*: l'interêt, les prix et la monnaie. Op. cit., p. 19.

24 CHOBHAM, T. *Summa confessorum*. Op. cit., p. 515.

Em seu *Dialogus miraculorum*, entre um monge e um noviço, Cesário de Heisterbach, por volta de 1220, faz com que seus personagens falem assim:

> O noviço. – Parece-me que a usura é um pecado muito grave e difícil de corrigir.
> O monge. – Você tem razão. Não há pecado que, de tempos em tempos, não adormeça. A usura nunca cessa de pecar. Enquanto seu mestre dorme, ela mesma não dorme, mas cresce e aumenta constantemente[25].

E na *Tabula exemplorum*, manuscrito do século XIII da Biblioteca Nacional de Paris, podemos ler: "Todo homem para de trabalhar nos dias de festa, mas os bois usurários (*boves usurarii*) trabalham sem descanso e ofendem assim a Deus e a todos os santos, e a usura, como peca sem limites, sem limites também deve ser punida"[26].

Percebe-se o quanto o tema deve ter sido explorado pelos pregadores e como ele se presta bem aos efeitos oratórios: "Meus irmãos, meus irmãos, os senhores conhecem um pecado que nunca descansa, que é cometido o tempo todo? Não? Conhecem sim, um, e apenas um, e vou nomeá-lo. É a usura. O dinheiro dado com usura não para de trabalhar, ele fabrica dinheiro continuamente. Dinheiro injusto, vergonhoso, detestável, ainda assim dinheiro. É um trabalhador incansável. Conhecem, meus irmãos, um trabalhador que não descansa no domingo, nos dias de festa, que não para de trabalhar nem quando dorme? Não? Pois então a usura continua trabalhando dia e noite, nos domingos e nos dias de festa, no sono como na vigília! Trabalhar enquanto dorme? Esse milagre diabólico, a usura, aguilhoada por satanás, consegue realizá-lo. E também nisso a usura é uma injúria a Deus e à ordem que Ele estabeleceu. Ela não respeita

---

25 HEISTERBACENSIS, C. *Dialogus miraculorum*, II, VIII. Org. por J. Strange. Colônia/Bonn/Bruxelas, 2 vols., 1851, p. 73.
26 WELTER, J.T. (ed.). *Tabula exemplorum secundum ordinem Alphabeti*. Paris/Toulouse, 1926, p. 83, n. 306.

nem a ordem natural que Ele quis colocar no mundo e em nossa vida corporal, nem a ordem do calendário que Ele estabeleceu. O dinheiro usurário não é como os bois de arado que aram incessantemente? Ao pecado constante e sem limites, castigo sem trégua e sem limites. Servidor incansável de satanás, a usura não pode senão conduzir à servidão eterna, a satanás, à punição eterna do inferno!"

Poderíamos dizer hoje que o trabalho em cadeia da usura acaba inelutavelmente nas correntes eternas da danação.

Fazer com que as moedas gerem rebentos, fazer com que o dinheiro trabalhe sem nenhuma pausa, em detrimento das leis naturais fixadas por Deus, não é um pecado contra a natureza? Aliás, sobretudo desde o século XII, século "naturalista", teólogos não costumam dizer: "*Natura, id est Deus* (A natureza, ou seja, Deus)"?

Os grandes poetas, que são aqui os melhores teólogos, compreenderam bem a usura, esse ser escandaloso.

Primeiro Dante, no próprio século da usura triunfante:

> *e perchè l'uisuriere altra via tene*
> *per sè natura e per la sua seguace*
> *dispregia, poi ch'in altro pon la spene.*
>
> *
>
> mas o usurário, que outro rumo tem,
> a própria natureza e a sua sequaz
> despreza, porque alhures põe seu bem[27].

Depois, ainda em nossa época, na sombra veneziana de Shylock, Ezra Pound:

> A usura mata o filho nas entranhas
> Impede o jovem de fazer a corte
> Levou paralisia ao leito, deita-se
> entre a jovem noiva e seu noivo
> *contra naturam*[28].

---

27 ALIGHIERI, D. *A divina comédia – Inferno*, canto XI, v. 109-111. 5. reimpr. Trad. e notas de Italo Eugênio Mauro. São Paulo: Ed. 34, 2000.
28 POUND, E. *Os cantos*. Op. cit., canto XLV, p. 244.

Sim, a usura só podia ter um destino, o inferno.

Já, em meados do século V, o papa São Leão I o Grande, concebera esta fórmula que ressoa ao longo da Idade Média:

Fenus pecuniae, funus est animae.
*

O lucro usurário do dinheiro é a morte da alma.

A usura é a morte.

O ladrão de tempo

Na escultura românica, a partir do século XII, um personagem é mostrado como um criminoso e exibido no pelourinho: o usurário. Essa publicidade lhe assegura, entre as figuras do mal, um relevo particular. Insere-o nesse tesouro dos maus exemplos, das anedotas aterradoras e salutares, que a pregação introduz no imaginário coletivo dos cristãos. O usurário é um dos heróis favoritos dessas histórias tecidas de maravilhoso e de cotidiano, os *exempla*, com os quais vimos que os pregadores recheavam seus sermões. Ele é o homem da bolsa.

A imagem e o sermão, o texto artístico e o texto literário, eis onde é preciso buscar o usurário assim como o viam os homens e as mulheres da Idade Média. Busquemos, por exemplo, em Orcival, na Auvergne: "Desde a entrada, o primeiro capitel que se impõe à vista é o do *Fol dives*, como o apresenta a inscrição sobre o ábaco para que ninguém o ignore [...]. Este rico, que não é magro, ainda segura com as duas mãos sua preciosa bolsa. Mas agora os diabos se apoderam dele. Nem suas cabeças bestiais [...] nem a maneira como agarram os cabelos de sua vítima, nem as garras, enfim, não são tranquilizadoras"[29]. Esse *Fol dives*, esse "rico louco", é o usurário, presa do inferno. É um obeso, engordado por suas usuras. Étienne

---

29 *Orcival* – Petites monographies du Zodiaque, 1963, p. 15.

de Bourbon, como se se tratasse de um epíteto de natureza, o chama "*pinguis usuraris*", "o gordo usurário"[30].

Desde a morte, sua bolsa pode colocar seu cadáver em apuros e fornecer material para que seus próximos reflitam. Eis o testemunho de Jacques de Vitry: "Ouvi falar de um usurário que, nos sofrimentos de sua última doença, não querendo de forma alguma abandonar seu dinheiro, chamou a mulher e os filhos e fez com que jurassem cumprir as vontades dele. Ordenou-lhes sob juramento dividir o dinheiro em três partes, uma com a qual sua mulher poderia se casar novamente, a outra para seus filhos e filhas. Quanto à terceira, eles deveriam colocá-la em uma pequena bolsa que amarrariam em seu pescoço e a enterrariam com ele. Como fora sepultado com uma enorme soma de dinheiro, eles quiseram recuperá-la à noite, abriram o túmulo e viram alguns demônios atochar a boca do usurário com essas moedas de prata transformadas em carvões ardentes. Aterrorizados eles fugiram"[31]. Da bolsa do usurário, as moedas passam para a boca de seu cadáver transformado em mealheiro infernal. Assim, como se pode ver em outros lugares (p. ex., na fachada de um hotel em Goslar), um usurário defecando um ducado, a psicanálise imaginária do usurário medieval associa o dinheiro injustamente ganho a uma sexualidade oral ou anal.

Na *Tabula exemplorum*, é um macaco, caricatura do homem, que está encarregado, em um rito de inversão, de purgar a bolsa do usurário: "Um peregrino fazia a travessia da viagem para a Terra Santa, um macaco que estava no navio roubou-lhe a bolsa, escalou até o alto de um mastro e abrindo a bolsa fez uma triagem: colocava de lado certas moedas e as recolocava na bolsa, e outras lançava ao mar. Quando recuperou sua bolsa, o peregrino percebeu que o ma-

---

30 MARCHE, A.L. *Anecdotes historiques, légendes et apologues tirés du recueil inédit d'Etienne de Bourbon, dominicain du XIIIe siècle*. Op. cit., p. 254.

31 CRANE, T.F. (org.). *The "Exempla" or Illustrative Stories from the "Sermones vulgares" of Jacques de Vitry* [1890]. Londres, 1967, p. 72.

caco havia lançado todas as moedas mal-adquiridas [pela usura] e as outras não"[32].

Eis, enfim, os usurários, no *Inferno* de Dante:
>Ma io m'accorsi
>che dal collo a ciascun pendea una tasca
>ch'avea certo colore e certo segno
>e quindi par che'l loro occhio si pasca.
>
>*
>
>Mas vi que todas tinham, suspendida
>ao colo uma bolsinha que trazia,
>cada qual, uma cor e uma figura
>que brindar-lhes a vista parecia[33].

Reencontraremos os condenados com a bolsa vistos por Dante no Inferno. Cor e insígnia são as armas das famílias que Dante estigmatiza como dinastias de usurários.

Primeiro é preciso afastar um equívoco. A história ligou estreitamente a imagem do usurário à do judeu. Até o século XII, o empréstimo a juros que não envolvia somas importantes e que ocorria em parte no quadro da economia-natureza (emprestava-se grão, roupas, materiais e objetos e se recebia uma quantidade maior dessas mesmas coisas emprestadas) estava em grande parte nas mãos dos judeus. A estes, com efeito, se proibiam pouco a pouco atividades produtivas que chamaríamos hoje de "primárias" ou "secundárias". Restava-lhes somente, ao lado de certas profissões "liberais" como a medicina, por muito tempo desprezadas pelos cristãos, que entregavam aos outros os cuidados de um corpo, o dos poderosos e dos ricos aos médicos judeus, e o dos outros aos curandeiros "populares" e à natureza, fazer com que o dinheiro, ao qual precisamente o cristianismo recusava qualquer fecundidade, se reproduzisse. Como não cristãos, não sentiam escrúpulos e não violavam as prescrições bíblicas emprestando aos indivíduos ou às instituições fora de sua

---

32 WELTER, J.T. (ed.). *Tabula exemplorum secundum ordinem Alphabeti*. Op. cit., p. 83.
33 ALIGHIERI, D. *A divina comédia – Inferno*. Op. cit., canto XVII, v. 54-57.

comunidade. Os cristãos, por outro lado, nem sequer sonhavam em aplicar-lhes uma condenação essencialmente reservada à família, à fraternidade cristã, primeiro aos clérigos, depois aos leigos. Alguns monastérios, por sua vez, praticavam formas de crédito, sobretudo o *mortgage*, condenado no final do século XII. Tudo mudou, com efeito, no século XII, primeiro porque a expansão econômica trouxe um enorme crescimento da circulação monetária e o desenvolvimento do crédito. Algumas formas de crédito foram admitidas, outras, como o empréstimo para consumo acompanhado do recebimento de juros, viram as antigas condenações renovadas e definidas, como já vimos, e sua repressão aumentada.

Ao mesmo tempo, a condição dos judeus na Cristandade piorava. Alguns *pogroms* ocorreram por volta do ano 1000, depois no tempo das Cruzadas, perpetrados sobretudo pelas massas em busca de bodes expiatórios para as calamidades (guerras, fome, epidemias) e de vítimas expiatórias ao seu fanatismo religioso. O antijudaísmo da Igreja endureceu e, na sociedade cristã, do povo aos príncipes, o antissemitismo – *avant la lettre* – aparece no século XII e sobretudo no século XIII. A obsessão pela impureza do judeu se espalha. As acusações de assassinato ritual apareceram (na Inglaterra em Norwich em 1144, na França em Blois em 1171), depois se multiplicaram assim como as de profanação de hóstias. Os judeus, deicidas, assassinos de Jesus na história, tornavam-se assassinos de Jesus na hóstia, à medida que se desenvolvia o culto eucarístico. André Pézard, o grande especialista em Dante, observou que para este, expressando aqui a mentalidade de sua esposa, "a usura é condenada [...] como uma forma de bestialidade"[34]. A uma corja bestial responde uma prática bestial. Um mesmo ódio se constituiu nos cristãos em relação aos judeus e à usura. O Quarto Concílio de Latrão (1215) decretou: "Querendo nessa matéria impedir os cristãos

---

[34] PEZARD, A. *Dante sous la pluie de feu*. Paris, 1950, p. 101, n. 5.

de serem tratados desumanamente pelos judeus, nós decidimos [...] que, se, sob qualquer pretexto, judeus exigiram dos cristãos juros pesados e excessivos, todo comércio dos cristãos com eles será proibido até que tenham dado satisfação"[35].

Os usurários cristãos dependiam, como pecadores, dos tribunais eclesiásticos, os *provisorados* que, em geral, manifestavam-lhes uma certa indulgência, deixando a Deus o cuidado de puni-los com a danação. Mas os judeus e os estrangeiros (na França, os usurários italianos e meridionais, lombardos e caorsinos) dependiam da justiça leiga mais dura e mais repressiva. Felipe Augusto, Luís VIII e, sobretudo, São Luís decretaram uma legislação muito severa para com os usurários judeus. Assim a repressão paralela ao judaísmo e à usura contribuiu para alimentar o antissemitismo nascente e também para difamar a imagem do usurário mais ou menos assimilado ao judeu.

A grande expansão econômica do século XII multiplicou o número de usurários cristãos. Eles alimentaram ainda mais a hostilidade contra os judeus, uma vez que estes às vezes eram temíveis concorrentes. Meu interesse aqui é pelos usurários cristãos; sem esquecer que, no século XIII, a história deles se desenrola em um contexto de antissemitismo. Em teoria, a Igreja os apresentava como piores do que os judeus. "Hoje os usurários são respeitados e defendidos por causa de suas riquezas pelos senhores seculares, que dizem: 'São nossos judeus' [ou seja, nossos emprestadores que estão sob nossa proteção] mesmo sendo piores do que os judeus. Pois os judeus não fazem empréstimos usurários aos seus irmãos. Os nossos se tornaram os íntimos, os criados de quarto, não apenas dos príncipes seculares, mas também dos prelados a quem prestam serviços e emprestam dinheiro para que seus filhos galguem os benefícios eclesiásticos. Quanto às filhas, elas as casam com cavaleiros e com nobres e tudo obedece a seu dinheiro. E enquanto

---

35 WOLTER, H.; HOLSTEIN, H. *Histoire des conciles oecuméniques* – T. VI: R. FOREVILLE. *Latran IV*. Paris, 1965.

nos dias de hoje os pobres são desprezados, eles são respeitados"[36]. Essas palavras de Jacques de Vitry são as de um pregador moralista e pessimista, inclinado a ensombrar a realidade. Ainda assim não era nem tão respeitável nem tão seguro ser usurário no século XIII. O que é preciso ver por trás desta sombria pintura é que a sociedade cristã de então está bem distante do quadro edificante com que certos hagiógrafos modernos da Idade Média nos presenteiam. No tempo de Francisco de Assis e da senhora Pobreza, a verdade é que os pobres são desprezados e que a usura pode ser um meio de ascensão social que o espantalho do inferno permite frear. Não se evoca mais a roda da fortuna que desce e pode subir, e sim a escada da qual se cai irremediavelmente. Étienne de Bourbon empresta o exemplo a um pregador de sua época. "Em uma cidade havia um menino muito pobre e sarnento [*galeux*], e por isso o chamavam pelo apelido de *Le galeux*. Quando cresceu um pouco, tornou-se, para ganhar seu pão, entregador de um açougueiro. Acumulou um pouco de dinheiro com o qual praticou a usura. Como multiplicou seu dinheiro, comprou roupas um pouco mais respeitáveis. Depois casou-se e começou, graças às usuras, a ascender em nome e em riqueza. Começou a ser chamado de Martin Legaleux, o apelido anterior tornando-se um sobrenome de família; depois, ainda mais rico, de *monsieur* Martin; depois, quando se tornou um dos mais ricos da cidade, *messire* Martin. Por fim, engrandecido pela usura, tornou-se o mais importante de todos pelas riquezas, foi chamado de *monseigneur* Martin e todos o reverenciavam como seu senhor. A menos que não volte a descer os degraus fazendo restituições, assim como os subiu praticando as usuras, repentinamente, em um segundo, ele descerá ao fundo dos piores horrores do inferno"[37].

---

[36] Sermão *Ad status*, n. 58, *exemplum* 14.
[37] MARCHE, A.L. *Anecdotes historiques, légendes et apologues tirés du recueil inédit d'Etienne de Bourbon, dominicain du XIIIe siècle*. Op. cit., p. 362.

Esse usurário cristão[38] é um pecador. De que tipo?

A usura é um roubo, portanto o usurário um ladrão. E principalmente, como todo ladrão, um ladrão de propriedade. Thomas de Chobham diz assim: "O usurário comete um roubo (*furtum*) ou uma usura (*usuram*) ou uma rapina (*rapinam*), pois recebe um bem de outrem (*rem alienam*) contra a vontade do "proprietário" (*invito domino*), isto é, Deus"[39]. O usurário é um ladrão particular; ainda que não perturbe a ordem pública (*nec turbat rem publicam*), seu roubo é particularmente detestável na medida em que rouba a Deus.

O que ele vende, com efeito, a não ser o tempo que transcorre entre o momento em que empresta e aquele em que é reembolsado com juros? Ora, o tempo não pertence senão a Deus. Ladrão de tempo, o usurário é um ladrão do patrimônio de Deus. Todos os contemporâneos dizem o mesmo, depois de Santo Agostinho e de Pedro Lombardo: "O usurário não vende nada ao devedor que lhe pertença, somente o tempo que pertence a Deus. Não pode, portanto, tirar um proveito da venda de um bem de outrem"[40].

Mais explícito, mas expressando um lugar-comum da época, a *Tabula exemplorum* lembra: "Os usurários são ladrões, pois vendem o tempo que não lhes pertence, e vender o bem de outrem, contra a vontade do possuidor, é roubo"[41].

Ladrão de "propriedade", depois ladrão de tempo, o caso do usurário se agrava. Pois a "propriedade" – noção que, na Idade Média, reaparece realmente só com o Direito Romano nos séculos XII e

---

[38] Esse usurário cristão é chamado em latim, língua da maior parte de nossos documentos, *usurarius*, ou de uma palavra erudita emprestada do latim clássico da Antiguidade e do Direito Romano, *fenerator*, "o que empresta a juros", de *fenus*, "juro", próximo de *fetus*, "fruto da fecundação". Mas, no caso de *fenus*, seria esse produto legítimo?

[39] CHOBHAM, T. *Summa confessorum*. Op. cit., p. 509.

[40] Ibid., p. 505.

[41] WELTER, J.T. (ed.). *Tabula exemplorum secundum ordinem Alphabeti*. Op. cit., p. 139, n. 304.

XIII e se aplica somente aos bens móveis – pertence aos homens. O tempo pertence a Deus, e somente a Ele. Os sinos repicam seu louvor, nessa época em que o relógio mecânico ainda não nasceu, pois só surgirá no final do século XIII.

Thomas de Chobham diz com muita clareza, na sequência do texto citado anteriormente (p. 17-18): "Assim o usurário não vende nada a seu devedor que lhe pertença, mas somente o tempo que pertence a Deus (*sed tantum tempus quod dei est*). Como ele vende uma coisa de outrem, dela não deve retirar lucro algum"[42].

A *Tabula exemplorum* é mais explícita. Evoca a venda dos dias e das noites cuja significação ao mesmo tempo antropológica e simbólica ela destaca. O dia é a luz, o meio que torna possível o uso pelo homem de seu sentido visual, mas que expressa também a matéria luminosa da alma, do mundo e de Deus. A noite é o repouso, o tempo da tranquilidade, da recuperação (a menos que seja perturbado pelos sonhos) para o homem. É também o tempo místico da ausência de instabilidade, de perturbação, de tormento. O dia e a noite são os duplos terrenos dos dois grandes bens escatológicos, a luz e a paz. Pois, ao lado da noite infernal, há uma noite terrena em que o paraíso pode ser pressentido. São esses dois bens supremos que o usurário vende.

Outro manuscrito do século XIII, da Biblioteca nacional de Paris, sintetiza bem, e de maneira mais completa do que a *Tabula*, a figura desse pecador e desse ladrão que é o usurário.

"Os usurários pecam contra a natureza ao querer gerar dinheiro com dinheiro, como um cavalo com um cavalo ou um burro com um burro. Além disso, os usurários são ladrões (*latrones*), pois vendem o tempo que não lhes pertence, e vender um bem de outrem, à revelia de seu possuidor, é roubo. Ademais, como não vendem nada além da espera de dinheiro, isto é, o tempo, vendem os dias e

---

42 CHOBHAM, T. *Summa confessorum*. Op. cit., p. 505.

as noites. Mas o dia é o tempo da claridade e a noite o tempo do repouso. Por consequência, eles vendem a luz e o repouso. Não é justo, portanto, que tenham a luz e o repouso eternos"[43].

Esta é a lógica infernal do usurário.

Esse roubo do tempo é um argumento particularmente sensível aos clérigos tradicionais entre os séculos XII e XIII, em um momento em que os valores e as práticas socioculturais mudam, em que homens se apropriam dos fragmentos de prerrogativas divinas, em que o território dos monopólios divinos encolhe. Deus também deve conceder aos homens a descida de certos valores de seu céu sobre a terra, conceder-lhes "liberdades", "privilégios".

Outra categoria profissional conhece na mesma época uma evolução paralela. São os "novos" intelectuais que, fora das escolas monásticas ou catedrais, ensinam na cidade a estudantes dos quais recebem um pagamento, a *collecta*. São Bernardo, entre outros, os fustigou como "vendedores, mercadores de palavras". E o que eles vendem? A ciência, a ciência que, como o tempo, pertence somente a Deus.

Mas esses ladrões de ciência logo serão justificados. Em primeiro lugar pelo seu *trabalho*. Como trabalhadores intelectuais, os novos mestres escolares serão admitidos na sociedade reconhecida da época e na sociedade dos eleitos: aquela que deve prolongar no além e para sempre os merecedores daqui da terra. Eleitos que também podem ser, desde que justos e obedientes a Deus, tanto os privilegiados como os oprimidos desta terra. A Igreja exalta os pobres, mas reconhece de bom grado os ricos dignos de sua riqueza pela pureza de suas origens e pelas virtudes de sua utilização.

Que estranha situação a do usurário medieval. Em uma perspectiva de longa duração, o historiador de hoje lhe reconhece a qualidade de precursor de um sistema econômico que, apesar de suas injustiças e de suas taras, se inscreve, no Ocidente, em uma trajetó-

---

[43] Latim 13472, f. 3vb, apud WELTER, J.T. (ed.). *Tabula exemplorum secundum ordinem Alphabeti*. Op. cit., p. 139, n. 304.

ria de um progresso: o capitalismo. Ao passo que em seu tempo, esse homem foi amaldiçoado segundo todos os pontos de vista da época.

Na longa tradição judaico-cristã, ele é condenado. O livro sagrado faz pesar sobre ele uma maldição bimilenar. Os novos valores do século XIII o rejeitam também como inimigo do presente. A grande promoção é aquela do trabalho e dos trabalhadores. Ora, ele é um ocioso particularmente escandaloso. Pois o diabólico trabalho do dinheiro que ele põe em movimento não é senão o corolário de sua odiosa ociosidade.

Mais uma vez Thomas de Chobham diz claramente: "O usurário quer adquirir um lucro sem nenhum trabalho e mesmo quando está dormindo, o que vai contra o preceito do Senhor que diz: 'Comerás teu pão com o suor do teu rosto' (Gn 3,19)"[44].

O usurário age contra o plano do Criador. Os homens da Idade Média viram inicialmente no trabalho o castigo do pecado original, uma penitência. Depois, sem renegar essa perspectiva penitencial, valorizaram cada vez mais o trabalho, instrumento de remissão, de dignidade, de salvação; colaboração com a obra do Criador que, depois de ter trabalhado, descansou no sétimo dia. Trabalho, preciosa preocupação, que é preciso arrancar da alienação para dele fazer, individual e coletivamente, a difícil via da libertação.

Neste canteiro do progresso da humanidade, o usurário é um desertor.

É no século XIII que os pensadores fazem do trabalho o fundamento da riqueza e da salvação, tanto no plano escatológico quanto no plano, diríamos, econômico. "Que cada um coma o pão que ganhou com seu esforço, que os amadores e os ociosos sejam banidos"[45], lança Roberto de Courçon diante dos usurários. E Gabriel Le Bras comenta pertinentemente: "O principal argumento contra a usura é que o trabalho constitui a verdadeira força das riquezas [...].

---

44 CHOBHAM, T. *Summa confessorum*. Op. cit., p. 505.

45 LEFÈVRE, G. (org.). Le Traité *De usura* de Robert de Courçon. Op. cit., p. 35.

A única fonte de riqueza é o trabalho do espírito e do corpo. Não há outra justificação do ganho que a atividade do homem"[46].

A única chance de salvação do usurário, uma vez que *todo* seu ganho é mal-adquirido, é a *restituição integral* do que ganhou. Thomas de Chobham é muito claro: "Como a regra canônica é que *o pecado não é jamais remido se o que foi roubado não for restituído*, é evidente que o usurário não pode ser considerado como um penitente sincero se não restituiu tudo o que extorquiu pela usura"[47].

Cesário de Heisterbach diz o mesmo na sequência da resposta do monge ao noviço: "É difícil ao usurário corrigir seu pecado, pois Deus só o redime se o que foi roubado for restituído"[48].

Étienne de Bourbon e a *Tabula exemplorum* utilizam em relação à restituição das usuras o mesmo *exemplum* destinado a mostrar como a maldição do usurário pode se estender a seus legatários, se não obedecerem ao dever de restituição. Ser amigo do usurário é um perigoso engajamento.

Eis a versão do dominicano: "Eu ouvi contar pelo irmão Raul de Varey, prior dos dominicanos de Clermont quando o caso ocorreu, que um usurário, que se arrependera no momento da morte, chamara dois amigos e lhes pedira para serem seus executores fiéis e rápidos. Eles deviam restituir o bem de outrem que ele havia adquirido e exigiu-lhes um juramento. Eles o fizeram acompanhando-o de imprecações. Um chamou sobre si o fogo sagrado, chamado o fogo da geena (o mal dos ardentes) que deveria queimá-lo se não cumprisse sua promessa. O outro fez o mesmo invocando a lepra. Mas depois da morte do usurário, eles ficaram com o dinheiro, não cumpriram o que haviam prometido e foram vítimas de suas imprecações. Sob a pressão do tormento, eles confessaram"[49].

---

46 LE BRAS, G. Usure. Op. cit., col. 2.351.
47 CHOBHAM, T. *Summa confessorum*. Op. cit., p. 505.
48 HEISTERBACENSIS, C. *Dialogus miraculorum*. Op. cit., p. 73.
49 MARCHE, A.L. *Anecdotes historiques, légendes et apologues tirés du recueil inédit d'Etienne de Bourbon, dominicain du XIIIe siècle*. Op. cit., p. 334-335.

Na *Tabula* os executores infiéis são três: "Um usurário à beira da morte legou por testamento todos seus bens a três executores que ele adjurou tudo restituir. Perguntara-lhes o que mais temiam no mundo. O primeiro respondeu: 'a pobreza'; o segundo: 'a lepra'; o terceiro: 'o fogo de Santo Antônio' [o mal dos ardentes]. 'Todos esses males, ele diz, recairão sobre vocês se não dispuserem de meus bens restituindo-os ou distribuindo-os conforme ordenei'. Mas depois de sua morte, os legatários concupiscentes se apropriaram de todos os bens do morto. Sem tardar, tudo o que o morto havia chamado pela imprecação os afligiu, a pobreza, a lepra e o fogo sagrado"[50].

Assim, a Igreja envolve a prática da restituição da usura com todas as garantias possíveis. E, para além da morte do usurário, uma vez que a restituição parece ter sido prevista pelo usurário penitente *post mortem* em seu testamento – esse documento que se torna na baixa Idade Média tão precioso para o estudo das atitudes diante da morte e do além (um "passaporte" para o além) –, a Igreja dramatiza as condições de sua execução. Ela promete ao executor infiel um gostinho, aqui na terra, dos tormentos que aguardam no inferno o usurário impenitente e que são transferidos aqui na terra a seus amigos perjúrios e cúpidos.

Estamos muito mal-informados sobre a realidade das restituições de somas usurárias. Os historiadores tendem a ver nisso uma ameaça geralmente não respeitada. Sem acreditar ingenuamente em uma prática extensa das restituições que, aliás, se chocam, como veremos, com múltiplas dificuldades de execução, penso que a vontade de restituição e as próprias restituições foram mais frequentes e mais importantes do que se admite habitualmente. Se observássemos de mais perto a realidade, poderíamos não apenas estar mais bem-informados sobre esse barômetro da crença e do sentimento religioso, mas também mensurar as consequências na economia e na socie-

---

50 WELTER, J.T. (ed.). *Tabula exemplorum secundum ordinem Alphabeti*. Op. cit., p. 51.

dade de um fenômeno demasiado ignorado pelos historiadores da economia. Sabemos hoje que os aspectos financeiros da repressão da fraude fiscal não são negligenciáveis.

Que a restituição é penosa, sobretudo para o cúpido usurário, temos a ilustração disso segundo uma palavra curiosa de São Luís relatada por Joinville: "Ele dizia que não era uma boa coisa pegar o bem de outrem; pois devolver era tão difícil que, só de pronunciá-la, a palavra *devolver* [*rendre*] arranhava a garganta pelos *r* que ela contém, os quais significam os rastelos do diabo, que sempre puxa para trás aqueles que querem devolver o bem de outrem. E o diabo faz isso de forma bem sutil; pois com os grandes usurários e os grandes ladrões, ele os excita de tal maneira que os faz dar para Deus aquilo que deveriam devolver"[51].

---

51 Ed. trad. de M. Natalis de Wailly. Paris, 1874, § 33, p. 19.

O usurário e a morte

A Alta Idade Média havia condenado ou desprezado muitos ofícios, primeiro proibidos aos clérigos, depois muitas vezes aos leigos ou, de todo modo, denunciados como levando facilmente ao pecado. Estes são os que volta e meia retornam ao índex: estalajadeiros, açougueiros, jograis, histriões, mágicos, alquimistas, médicos, cirurgiões, soldados, rufiões, prostitutas, notários, mercadores na linha de frente; mas também pisoadores, tecelões, correeiros, tintureiros, confeiteiros, sapateiros, jardineiros, pintores, pescadores, barbeiros, bailios, guardas campestres, aduaneiros, cambistas, talhadores, perfumistas, tripeiros, moleiros etc.

Entrevemos alguns desses motivos de exclusão[52]. Os velhos tabus das sociedades primitivas constituem um fundo sólido. Tabu do sangue, que atua contra os açougueiros, os carrascos, os cirurgiões, os apoticários, os médicos e, claro, contra os soldados. Os clérigos se opõem aos guerreiros. Tabu da impureza, da sujeira que incrimina os pisoadores, os tingidores, os cozinheiros, os tintureiros e, para Santo Tomás de Aquino, os lavadores de louça! Tabu do dinheiro que exclui os mercenários, os campeadores, as prostitutas, mas também os mercadores, e, entre eles, os cambistas e, claro, nossos usurários.

---

[52] Cf. LE GOFF, J. Métiers licites et métiers illicites dans l'Occident medieval. *Annales de l'Ecole des Hautes Études de Gand*, V, p. 41-57. Retomado em *Pour un autre Moyen Age*. Paris, 1977, p. 91-107.

Outro critério, bem mais cristão e medieval, refere-se aos sete pecados capitais. Estalajadeiros, proprietários de saunas, taberneiros, jograis favorecem a devassidão; as operárias do setor têxtil, com salários miseráveis, fornecem abundantes contingentes para a prostituição. Eles são excluídos sob o signo da luxúria. A avareza designa os mercadores e os homens de lei, a gula o cozinheiro, o orgulho o cavaleiro, a preguiça o mendigo.

O usurário, pior espécie de mercador, está sujeito a várias condenações convergentes: o manuseio – particularmente escandaloso – do dinheiro, a avareza, a preguiça. E também se adicionam, como vimos, as condenações por roubo, pecado de injustiça e pecado contra a natureza. Sua ficha é exaustiva.

O século XIII e seu sistema teórico, a escolástica, se ajustam à evolução das atividades e dos costumes para multiplicar as justificativas ao exercício dessas profissões aos poucos parcial ou completamente reabilitadas. Distinguem-se as ocupações ilícitas em si, por natureza, daquelas que o são apenas eventualmente. O usurário não aproveita senão marginalmente dessa casuística: a necessidade está excluída, uma vez que ele já deve ter o dinheiro para dá-lo com usura; e, como a intenção justa só pode atuar na perspectiva de uma vontade de restituição, ela não se aplica a ele. Tomás de Chobham diz, como uma opinião pessoal e não como preceito jurídico ou moral: "Acreditamos que assim como é permitido em uma extrema necessidade viver do bem de outrem para não morrer, desde que tenha a intenção de restituir quando puder, assim também o próprio usurário em uma enorme necessidade pode guardar de sua usura algo para viver, mas na maior parcimônia para que possa restituir tudo quando puder e que esteja realmente decidido a fazê-lo"[53].

O único argumento que, às vezes, justifica o usurário é o da "utilidade comum"; ele vale para os mercadores não usurários e

---

53 CHOBHAM, T. *Summa confessorum*. Op. cit., p. 516.

para muitos artesões, mas é raramente admissível para o usurário. E o caso torna-se desconcertante quando quem toma emprestado é o príncipe ou, como diríamos hoje, o Estado. Citemos Tomás de Aquino: "As leis humanas redimem certos pecados que permanecem impunes por causa da condição de homens imperfeitos, que seriam impedidos de beneficiar de muitas utilidades se todos os pecados fossem estritamente proibidos e castigados. Assim a lei humana é indulgente com certas usuras, não porque estima que estão em conformidade com a justiça, mas para não impedir as 'utilidades' da maioria das pessoas"[54].

Mesmo a utilização das usuras tomadas pelos príncipes aos usurários judeus constitui um problema para Tomás de Chobham: "É surpreendente que a Igreja apoie os príncipes que transferem impunemente para seu uso o dinheiro dos judeus, uma vez que estes não têm outros bens além daqueles que tiram da usura, e assim esses príncipes tornam-se cúmplices das práticas usurárias e dos próprios usurários. Mas a Igreja não os pune por causa do poder deles, o que não é uma desculpa junto a Deus. É verdade que os príncipes dizem que, por defenderem seus súditos contra os judeus e outros que os expulsariam de seus países se pudessem, podem, portanto, receber licitamente todo esse dinheiro tomado sobre seus bens"[55].

Cesário de Heisterbach é mais severo em relação aos bispos que se comprometem com usurários:

"O noviço – Como os bispos, que são os prelados e os vigilantes das Igrejas, têm relações com usurários e lhes concedem mesmo a sepultura em terra cristã, os usurários são hoje legião.

"O monge – Se somente eles dissimulassem os vícios daqueles que lhes são confiados e não cometessem vícios semelhantes, isso seria tolerável. Mas alguns bispos impõem hoje às suas ovelhas exações tão graves quanto aquelas, à maneira das pessoas leigas. São

---
54 *Suma teológica*, II^a II^{ae}, q. 78.
55 CHOBHAM, T. *Summa confessorum*. Op. cit., p. 510.

eles os figos estragados, muito estragados (Jr 24,3). Deve ser forte o temor de estarem ajeitando no inferno cadeiras ao lado do assento do usurário, pois a usura e as exações assim extorquidas pela violência não são nada mais que roubos e rapinas"[56]. Assim o usurário corrompe a sociedade até seu topo, até o topo da Igreja. A usura é uma lepra contagiosa.

Escapando à quase totalidade das desculpas, o usurário continua sendo no século XIII um dos raros homens cujo ofício é condenado *secundum se*, "em si", *de natura*, "pela sua natureza". Ele compartilha esse destino funesto com as prostitutas e os jograis. Tomás de Chobham destaca a similitude da condenação do usurário e da prostituta: "A Igreja persegue os usurários como os outros ladrões, pois eles se engajam no ofício público da usura para dele viver, assim como persegue as prostitutas que exercem, ofendendo a Deus, a prostituição como um ofício do qual vivem"[57]. A essas três profissões malditas são recusados, em todo caso, dois privilégios que são reconhecidos às outras categorias de pessoas que exercem ofícios desprezados ou suspeitos: a sepultura cristã e o direito de dar esmolas.

Mas de todos, o usurário é o pior, pois peca contra Deus de todas as maneiras, não apenas contra a sua pessoa, mas também contra a natureza que Ele criou e que com Ele se confunde, e contra a arte que é imitação da natureza. Dante colocou, em consequência, os usurários em seu *Inferno* junto com os sodomitas, outros pecadores contra a natureza.

> Eis que o giro menor verás marcando
> com seu sinete Caorsa [caorsinos = usurários] e Sodoma,
> e quem Deus despreza blasfemando[58].

---

56 HEISTERBACENSIS, C. *Dialogus miraculorum*. Op. cit., p. 73.
57 CHOBHAM, T. *Summa confessorum*. Op. cit., p. 509.
58 ALIGHIERI, D. *A divina comédia – Inferno*. Op. cit., canto XI, v. 49-51.

Ou melhor, como observou André Pézard em seu grande livro, *Dante sous la pluie de feu*, ele os colocou, no canto XVII do *Inferno*, no terceiro recinto do sétimo círculo, em um lugar pior do que o dos blasfemadores e dos sodomitas.

Aqui na terra o usurário vive em uma espécie de esquizofrenia social, como o açougueiro, poderoso e desprezado das cidades medievais, que muitas vezes se tornará o revolucionário obstinado; como o jogral (e mais tarde o ator), adulado e ao mesmo tempo excluído; como, em certas épocas, as cortesãs e as favoritas, procuradas, temidas por sua beleza, seu espírito, seu poder junto aos seus ricos e poderosos amantes, e rejeitadas pelas "mulheres honestas" e pela Igreja. O usurário, igualmente cortejado e temido por seu dinheiro, é desprezado e amaldiçoado por causa dele, em uma sociedade onde o culto de Deus exclui o culto público de Mammon.

O usurário deve, portanto, ocultar sua riqueza e seu poder. Ele domina na sombra e no silêncio. A *Tabula exemplorum* conta que, em uma antiga cidade, o costume quer que a cada visita do imperador todos os usurários se redimam. Por isso, quando de sua vinda, todos se escondem da melhor maneira que podem. Mas, acrescenta a *Tabula*: "O que farão quando for Deus que vier para julgá-los?"[59]

Quem, mais do que o usurário, teme o olhar de Deus? Mas ele teme também o dos homens. Jacques de Vitry conta, sob a forma de *exemplum*, esta espantosa cena: "Um pregador que queria mostrar a todos que o ofício de usurário era tão vergonhoso que ninguém ousava confessá-lo, diz em seu sermão: 'Quero dar-lhes a absolvição segundo suas atividades profissionais e seus ofícios. Em pé, ferreiros!' E eles se levantaram. Depois de lhes ter dado a absolvição, disse: 'Em pé, os peleteiros', e eles se levantaram, e assim por diante e, à medida que citava os diferentes artesãos, eles se levantavam: Enfim exclamou: 'Em pé os usurários para receber a absolvição'. Havia

---

[59] WELTER, J.T. (ed.). *Tabula exemplorum secundum ordinem Alphabeti*. Op. cit., p. 83.

mais usurários que pessoas dos outros ofícios, mas por vergonha eles se escondiam. Sob os risos e as chacotas, eles se retiraram muito embaraçados"[60].

Mas o usurário não escapará de seu destino infernal, mesmo se acreditou ter comprado com suas doações as preces da Igreja após sua morte. Eis, sempre segundo Jacques de Vitry, o usurário louco que vem, depois de sua morte, sob a forma de fantasma (a Idade Média está repleta desses fantasmas diabólicos), se vingar dos monges que não o impediram de ir para o inferno: "Ouvi dizer que um usurário do qual alguns monges aceitaram muito dinheiro para enterrá-lo em sua Igreja, uma noite enquanto os monges diziam o ofício das matinas, levantou-se de seu túmulo e, como um louco, agarrou-se a um candelabro e se precipitou sobre os monges. Eles fugiram estupefatos e aterrorizados, mas feriu alguns deles na cabeça, a outros fraturou pernas e braços e com urros ele gritava: 'Eis os inimigos de Deus e os traidores que tomaram meu dinheiro prometendo-me a salvação, mas me enganaram e o que encontrei foi a morte eterna'"[61].

Nesse mundo medieval fascinado pelos animais que está sempre em busca de uma semelhança animal no homem, avançando no meio de uma fauna simbólica, o usurário tem múltiplas ressonâncias animais.

A *Tabula exemplorum* que o apresenta como um boi, um robusto trabalhador que nunca descansa, também o compara a um leão predador: "Os usurários são como um leão, que se levanta de manhã e só para quando se apoderou de uma presa e a levou a seus filhotes, pois também roubam e dão com usura para adquirir bens para seus filhos..."[62]

---

60 CRANE, T.F. (org.). *The "Exempla" or Illustrative Stories from the "Sermones vulgares" of Jacques de Vitry* [1890]. Op. cit., p. 76.

61 Sermão *Ad status*, n. 59, 15.

62 WELTER, J.T. (ed.). *Tabula exemplorum secundum ordinem Alphabeti*. Op. cit., p. 82.

É todo um bestiário de usurários que aparece na obra de Jacques de Vitry. Eis os funerais de um usurário-aranha. "Ouvi dizer de um cavaleiro que encontrou um grupo de monges que enterravam o cadáver de um usurário. Disse-lhes: 'Entrego-lhes o cadáver de minha aranha, e que o diabo leve sua alma. Mas fico com a teia da aranha, isto é, todo seu dinheiro'. É legitimamente que se comparam os usurários às aranhas que se destripam para apanhar moscas e que imolam aos demônios não apenas a si mesmos como também seus filhos, arrastando-os para o fogo da cupidez [...]. Esse processo se perpetua com seus herdeiros. Alguns, com efeito, antes mesmo do nascimento de seus filhos, lhes destinam dinheiro para que ele se multiplique pela usura e assim seus filhos nascem peludos, como Esaú, e cheios de riquezas. Na hora da morte, deixam seu dinheiro para seus filhos e estes recomeçam a travar uma nova guerra com Deus..."[63] Cadeia hereditária da usura? Poderíamos verificar isso na realidade social do século XIII?

Eia agora a raposa (e o macaco). "Ainda que o usurário durante sua vida sobeje de riquezas, faltam-lhe as vísceras da caridade que, mesmo de seu supérfluo, não quer doar nada aos pobres, semelhante à raposa munida de uma cauda muito longa, longa até demais e que se arrasta pelo chão, a quem o macaco, desprovido de cauda, pedia que lhe desse um pedacinho da dela para poder esconder sua vergonha. O macaco dizia para a raposa: 'Você pode me ajudar sem prejuízo, pois você tem uma cauda longa demais e pesada demais'. A raposa respondeu: 'Minha cauda não me parece nem longa nem pesada, e ainda que assim fosse, prefiro carregar esse peso do que emprestar um véu para sua bunda imunda'. Tais são as palavras daqueles que dizem aos pobres: 'Por que lhes daria, seus vadios, meu dinheiro? Não quero que você coma e não quero lhe dar nada'"[64].

---

63 Sermão *Ad status* n. 59, 9.

64 CRANE, T.F. (org.). *The "Exempla" or Illustrative Stories from the "Sermones vulgares" of Jacques de Vitry* [1890]. Op. cit., p. 73.

Por fim, o lobo: "Dizem que a raposa convenceu o lobo emagrecido a roubar com ele e o levou até um guarda-comida, onde o lobo comeu tanto que não conseguiu sair pelo buraco estreito pelo qual entrara. Teve de jejuar de tal maneira que voltou a ser tão magro quanto antes e levou tamanhas pauladas que saiu sem a pelagem. Assim o usurário abandona na morte a pelagem das riquezas"[65].

A condenação do usurário se confunde com a do mercador, mas o próprio usurário não é igual ao mercador? Sim e não.

Que nem todo mercador é usurário e que muitos usurários são apenas usurários é evidente: a prova é um *exemplum* de Jacques de Vitry: "Ouvi falar de um usurário cujos mestres, com sua morte, quiseram reverenciar com uma brincadeira. Quando seus vizinhos tentaram erguer o cadáver para enterrá-lo, não o conseguiram. Outros tantos tentaram e fracassaram. Diante do espanto de todos, um velho bastante sábio lhes disse: 'Mas não sabem que há um costume nesta vila: quando um homem morre são aqueles que exercem o mesmo ofício que o conduzem ao enterro, os padres e os clérigos carregam os padres e os clérigos mortos ao cemitério, os mercadores o mercador, os açougueiros o açougueiro, e assim por diante. Vamos chamar os homens da mesma condição ou do mesmo ofício que este'. Chamaram quatro usurários que então ergueram facilmente o corpo e o carregaram ao lugar da sepultura. Pois os demônios não permitiram que seu escravo fosse carregado por outros que seus companheiros de escravidão. Aqui podemos observar a misericórdia de Deus que 'redime as almas dos pecadores da usura e da iniquidade para que, tendo mudado de nome, o nome deles seja honrado diante dele'. Sabemos, com efeito, que nenhum nome é tão detestável e ignominioso quanto o do usurário (*usurarius seu fenerator*). Por isso não ousam reconhecer sua profissão em público e não querem ser chamados de usurários, e sim de emprestadores

---

65 Ibid., p. 74.

(*commodatores*) ou mercadores (*mercatores*). Eles dizem: 'Sou um homem que vive do seu dinheiro'"[66].

É claro que não apenas usurário e mercador não são o mesmo homem, mas que um termo é vergonhoso e o outro respeitável, e que o segundo serve para esconder a vergonha do primeiro, o que prova, apesar de tudo, uma certa proximidade, senão parentesco.

Não creio, com efeito, que se possa dizer, como Raymond de Roover[67], que a distinção entre os mercadores-banqueiros e os usurários era absoluta, nem mesmo, como John T. Noonan, que "a posição social de um banqueiro na Florença do século XIII era ao menos tão elevada quanto no século XX em Nova York"[68]. Talvez isso seja verdadeiro no século XIV e, sobretudo, no século XV, mas no século XIII não havia verdadeiros "banqueiros", e existiam muitas transições e aproximações de atividades entre o mercador-banqueiro e o usurário. Mesmo em uma economia e em uma sociedade em que a usura diminuiu, como na França de Balzac no século XIX, há certas diferenças, mas não um fosso, entre um Gobsek, verdadeiro usurário, e um pai Grandet que entre suas atividades de negócios também pratica a usura.

Aliás, o usurário constitui a categoria mais desprezada dos mercadores. Nos dois sermões-modelo (58 e 59) que Jacques de Vitry consagra aos "mercadores e cambistas" (*mercatores et campores*), a quase totalidade das rubricas e dos *exempla* se refere aos usurários. Certamente são eles que mais necessitam de uma pregação salutar, mas ela lhes é dispensada sob a etiqueta de "mercadores". Eles não formam um "estado" (*status*) específico. Os usurários presentes no *Inferno* de Dante – ele nomeia alguns – são bem conhecidos como mercadores e às vezes como importantes mercadores-banqueiros:

---

66 Sermão *Ad status*, n. 59, 17.

67 ROOVER, R. *La Pensée économique des scolastiques, doctrines et méthodes*. Paris/Montreal, 1971. • ROOVER, R. *Business, Banking and Economic Thought in Late Medieval and Modern Europe*: Selected Studies. Chicago, 1974.

68 NOONAN, J.T. *The Scholastic Analysis of Usury*. Cambridge, Mass., 1957, p. 192.

assim as famílias nobres dos Gianfigliazzi e dos Ubriachi, reconhecíveis pelas "armas" de suas bolsas; os ilustres Scrovegni de Pádua; Vitaliano del Dente, podestade em 1307; Giovanni Bujamonte "usurário conhecido por ser o mais terrível da Europa", e que mesmo assim foi gonfaloneiro de justiça em 1293.

Em torno do mercador do século XIII, que encontra muita dificuldade para se fazer reconhecer não tanto entre a elite social quanto entre os ofícios respeitáveis, flutua sempre um odor de usura.

No sermão-modelo *Ad status*, n. 59, Jacques de Vitry ofereceu uma variante da sociedade trifuncional definida por Georges Dumézil, e evidenciada no Ocidente medieval por Georges Duby, que não chamou, ao que me parece, a devida atenção. Ela é, no entanto, interessante. Ei-la: "Deus ordenou três gêneros de homens, os camponeses e outros trabalhadores para garantir a subsistência dos outros, os cavaleiros para defendê-los, os clérigos para governá-los, mas o diabo ordenou uma quarta, os usurários. Eles não participam do trabalho dos homens e não serão castigados com os homens, mas com os demônios. Pois à quantidade de dinheiro que recebem da usura corresponde a quantidade de madeira enviada ao inferno para queimá-los. A sede da cupidez os leva a beber água suja e a adquirir dinheiro sujo por meio de embustes e usura, sede sobre a qual Jeremias (2,25) diz: 'Evita que tua garganta fique sedenta'. E como, em violação da proibição legal, os usurários se alimentam de cadáveres e de carniça comendo o alimento adquirido pela usura, esse alimento não pode ser santificado pelo sinal da cruz ou alguma outra bênção; por isso, em Pr 4,17, 'eles comem o pão da maldade e bebem o vinho da violência'. Quando lemos de uma monja que ela comeu o diabo sentado em uma alface, pois não fizera o sinal da cruz, é muito mais forte o fato de que os usurários parecem comer com o pão da maldade o diabo que acreditamos sentado em um bocado desse pão..."[69]

---

[69] Sermão *Ad status*, n. 59, 14.

É interessante constatar, nesse jogo que se instaura para fazer com que o esquema trifuncional corresponda melhor às representações mentais da nova sociedade, que a quarta função criada (na verdade sob uma forma pejorativa, a dos mercadores) é atribuída aos usurários (outras, mais tarde serão atribuídas aos homens da lei, p. ex.). Com efeito, esse desdobramento diabólico da terceira função – a econômica –, embora testemunhe a integração pelas estruturas mentais do progresso das trocas, manifesta também a desconfiança dos intelectuais em relação à esfera econômica. Ao lado dos camponeses e de outros trabalhadores, justificados porque úteis e produtivos, eis a função do diabo, a do dinheiro, da usura nefasta e improdutiva. O usurário antes de ser a presa eterna do diabo é seu amigo terreno, seu protegido aqui na terra.

"Uma vez o campo de um usurário ficou intacto enquanto toda a terra em torno era atingida por uma tempestade, e todo alegre ele foi dizer a um padre que tudo lhe corria bem e justificou sua vida. O padre respondeu: 'Não é bem assim, mas como conquistou muitos amigos na sociedade dos demônios, você escapou da tempestade enviada por eles'"[70].

Mas quando a morte se aproxima, a amizade acaba. Conta apenas a cobiça de satanás pela alma do usurário. Ele cuida para que esta não possa lhe escapar. Para isso é preciso evitar uma eventual confissão e contrição do usurário.

Primeiro estratagema: deixar o usurário moribundo afásico, mudo. Jacques de Vitry garante: "Muitos usurários com a aproximação da morte perdem o uso da fala e não podem se confessar"[71].

Solução ainda mais radical: a morte súbita, a pior morte para um cristão na Idade Média, pois geralmente ela se apodera dele em estado de pecado mortal. Essa situação é inevitável para o usurário, que se

---

70 WELTER, J.T. (ed.). *Tabula exemplorum secundum ordinem Alphabeti*. Op. cit., p. 22-23.
71 Sermão *Ad status*, n. 59, 15.

encontra em situação perpétua de pecado mortal. Na época de Étienne de Bourbon, em meados do século XIII, um espantoso fato diverso atesta isso. É a história dramática e exemplar do usurário de Dijon.

"Em Dijon, lá pelo ano do Senhor de 1240, um usurário quis celebrar com grande pompa suas bodas. Ele foi conduzido com música à igreja paroquial da Santa Virgem. Encontrava-se sob o pórtico da igreja para que sua noiva desse seu consentimento e que o casamento fosse ratificado segundo o costume pelas 'palavras de presente' (*verba de presenti*) antes de o casamento ser coroado pela celebração da missa e por outros ritos na igreja. Quando o noivo e a noiva, cheios de alegria, iam entrar na igreja, um usurário de pedra, que fora esculpido acima do pórtico, sendo levado pelo diabo ao inferno, caiu com sua bolsa sobre a cabeça do usurário que ia se casar, atingiu-o e o matou. As bodas transformaram-se em luto, a alegria em tristeza. O usurário de pedra excluiu da igreja e dos sacramentos o usurário vivo que os padres não queriam excluir, e sim incluir na igreja. Os outros usurários da cidade deram dinheiro para mandar destruir as outras esculturas do pórtico, no lado de fora, na parte anterior, para que outro acidente desse tipo não pudesse lhes acontecer. Eu as vi, destruídas"[72].

Seria necessário um longo comentário desse texto, suas informações sobre o ritual do casamento, em que o essencial acontece no lado de fora da igreja; sobre o jogo de exclusão e de admissão dos usurários; sobre as relações entre os usurários e o clérigo; sobre as relações vividas e pensadas entre o mundo dos vivos e o mundo de pedra das esculturas de igrejas; sobre a solidariedade das comunidades urbanas de usurários. Contentemo-nos com a tocante brutalidade simbólica desse fato diverso situado e datado. O usurário de Dijon encontrou sua estátua do comendador*.

---

72 MARCHE, A.L. *Anecdotes historiques, légendes et apologues tirés du recueil inédit d'Etienne de Bourbon, dominicain du XIIIe siècle*. Op. cit., p. 365-366.

* Referência ao personagem do comendador (a estátua de pedra) que executa Don Juan na última cena da ópera *Don Juan*, de Mozart [N.T.].

A indulgência culpada de certos clérigos em relação aos usurários não muda, aliás, a situação do usurário impenitente. "Eu vi, conta mais uma vez Étienne de Bourbon, em Besançon um importante usurário acometido de morte súbita cair sobre a mesa, enquanto festejava alegremente. Diante do ocorrido, os filhos que tivera de dois casamentos puxaram suas espadas, esquecendo completamente seu pai e correram para os cofres [cheios de dinheiro] que queriam guardar e se apoderar, preocupando-se pouco com a alma ou com o corpo do pai. Enterraram-no em um túmulo contíguo à igreja paroquial da Catedral de São João, ergueram uma bela lápide e ele foi inserido no flanco da igreja. De manhã, encontraram-na longe da igreja como se mostrasse assim que não estava em comunhão com a Igreja"[73].

A pior maneira talvez de afastar o usurário agonizante da confissão é enlouquecê-lo completamente. A loucura conduz o usurário à impenitência final. Como na história do usurário de Notre-Dame de Paris contada também por Étienne de Bourbon: "Eis o que vi com esses olhos, quando era jovem estudante em Paris e em um sábado tinha ido à Igreja da Santa Virgem para ouvir as vésperas. Vi ali um homem sendo levado em uma maca, sofrendo com um membro queimado por esse mal chamado 'mal sagrado' ou 'infernal' [o 'mal dos ardentes']. A multidão o cercava. Os próximos testemunhavam que era um usurário. Por isso os padres e os clérigos o exortavam a abandonar esse ofício e a prometer que devolveria as usuras, para que a Virgem Santa o livrasse de seu mal. Mas ele não quis escutá-los, não prestando atenção nem às recriminações nem às adulações. No final das vésperas, ele perseverava em sua obstinação, enquanto esse fogo se espalhara por todo seu corpo, tornado escuro e inchado, e que os olhos lhe saltavam da cabeça. Jogaram-no na igreja como a

---

73 MARCHE, A.L. *Anecdotes historiques, légendes et apologues tirés du recueil inédit d'Etienne de Bourbon, dominicain du XIIIe siècle*. Op. cit., p. 364-365.

um cão e ali ele morreu, naquela mesma noite, desse fogo, inflexível em sua obstinação"[74].

Nas gravuras das "Artes de morrer", a imagem mostrará, no final da Idade Média, a agonia do usurário. Mas já, nos séculos XII e XIII, os clérigos, nos *exempla*, convocaram para o leito do usurário agonizante todos os combates, todos os pesadelos, todos os horrores. Arrependido ou não, o usurário, que chegou a essa fase última de sua vida, é arrastado para o que logo será a dança macabra.

Eis Godescalc, um camponês usurário da diocese de Utrecht sobre o qual Cesário de Heisterbach ouviu falar. Quando da pregação da Cruzada em sua região, ele deu apenas cinco talentos, ao passo que poderia ter dado quarenta marcos sem deserdar seus filhos. Nas tabernas, ele zombava dos cruzados: "Vocês enfrentam o mar, gastam seus bens, expõem sua vida a mil perigos. Quanto a mim, fico em casa com minha mulher e meus filhos e, pelos cinco marcos com os quais resgatei minha cruz, terei a mesma recompensa que vocês". Uma noite, ele ouviu em um moinho contíguo à sua casa um barulho de mó. Enviou um jovem criado para ver o que estava acontecendo. Este voltou aterrorizado e disse ter ficado, na soleira da porta, pregado ao chão pelo terror. O usurário então se levantou, abriu a porta do moinho e teve uma horrível visão; havia ali dois cavalos bem negros e ao lado um homem horrível, negro como eles. Ele disse ao camponês: 'Entre logo e monte este cavalo que trouxe para você'. Incapaz de resistir, o usurário obedeceu. Com o diabo montado no outro cavalo, ele percorreu em ritmo acelerado os lugares do inferno. Ali encontrou seu pai e sua mãe, muitos conhecidos cuja presença nesses lugares ele ignorava. Ficou particularmente impressionado ao avistar um burgrave, tido como um honesto cavaleiro, sentado em uma vaca furiosa, com as costas expostas a seus chifres, que o supliciavam ao sabor de seus saltos desordenados. Essa era a vaca que esse bom cavaleiro havia roubado de uma viúva. Viu enfim

---

[74] Ibid., p. 263-264.

um assento de fogo no qual não podia haver nenhum descanso, e sim o suplício interminável de nele permanecer sentado de castigo. O diabo disse-lhe: "Em três dias você estará aqui e esse assento será seu castigo". A família encontrou o usurário desmaiado no moinho e o levou para a cama. Certo de que iria sofrer o que havia visto, recusou confissão e contrição. Sem confissão, sem viático, sem extrema-unção, foi enterrado no inferno"[75].

Étienne de Bourbon narra outras mortes terríveis de usurários. Eis uma que obteve de Nicolau de Flavigny, arcebispo de Besançon, que a contava em seus sermões: "Um rico usurário que fazia pouco caso do julgamento de Deus, uma noite deitado ao lado da esposa depois de uma boa refeição, levantou-se repentinamente tremendo. 'O que você tem?, perguntou-lhe sua mulher. – Acabei de ser transportado ao juízo final e ouvi proferir inúmeras queixas e acusações contra mim. Estupefato, não consegui falar ou reclamar uma penitência. Finalmente o juiz supremo me condenou a ser entregue aos demônios, que devem vir hoje mesmo me buscar para me levar'. Ele colocou um casaco que pendia no cabide, penhor de pouco valor deixado por um devedor, e saiu, apesar de sua mulher. Os seus o seguiram e o encontraram quase demente na igreja de um monastério. Os monges que diziam as Matinas o retiveram ali até a Sexta, mas não conseguiram que confessasse seus pecados, nem que restituísse, nem que desse um sinal de penitência. Depois da missa, ele saiu para voltar para casa. Eles caminhavam ao longo de um rio e viram aparecer um barco que subia a correnteza do rio em grande velocidade, aparentemente sem ninguém a bordo. Mas o usurário disse que estava cheio de demônios que vinham apanhá-lo e levá-lo. A essas palavras, eles o pegaram e o colocaram no barco que tão logo, dando meia-volta, desapareceu com sua presa"[76]. É o navio fantasma do camponês usurário.

---

75 HEISTERBACENSIS, C. *Dialogus miraculorum*. Op. cit., p. 70-72.
76 MARCHE, A.L. *Anecdotes historiques, légendes et apologues tirés du recueil inédit d'Etienne de Bourbon, dominicain du XIIIe siècle*. Op. cit., p. 367-368.

Quantos usurários na tropa de Hellequin, esse esquadrão da morte, esses caçadores fantasmas que, em certas noites, passam no céu, deformados pela claridade lunar, perturbando o repouso noturno com os sons fúnebres de suas trompas de caçadores do além, fazendo choramingar nas trevas oscilantes o rumor de seus pecados e a angústia de sua vagabundagem sem fim?

Mergulhemos no horror, junto com Étienne de Bourbon: "Ouvi falar de um usurário gravemente doente que não queria restituir nada, mas que ordenou, no entanto, a distribuição de seu celeiro cheio de grãos aos pobres. Quando os criados quiseram recolher o trigo, encontraram-no transformado em serpentes. Ao saber disso, o usurário contrito restituiu tudo e ordenou que seu cadáver fosse lançado nu no meio das serpentes para que devorassem seu corpo aqui na terra, evitando assim que sua alma o fosse no além. E assim fizeram. As serpentes devoraram seu corpo e só deixaram no lugar os ossos esbranquiçados. Alguns acrescentam que, o trabalho feito, elas desapareceram e só restaram os ossos brancos e nus sob a luz"[77]. Esqueleto surrealista de um usurário...

Jacques de Vitry narra o fim mais realista, de um burlesco sombrio, de um outro usurário: "Muito inspirado foi um bom padre que se recusou a enterrar um de seus paroquianos que fora um usurário e nada restituíra na hora da morte. Esse tipo de peste não deve, com efeito, receber sepultura cristã e eles não são dignos de ter outra sepultura que a dos asnos [...]. Mas como os amigos do usurário morto muito insistiram, e para escapar às suas pressões, o padre fez uma prece e disse-lhes: 'Coloquemos o corpo sobre um asno e vejamos a vontade de Deus e o que ele fará: para onde o asno o levar, seja uma igreja, um cemitério ou outro lugar, eu o enterrarei'. O cadáver foi colocado sobre um asno que, sem desviar à direita nem à esquerda, o levou direto para fora da cidade até o lugar em que os ladrões eram

---

[77] Ibid., p. 368.

enforcados, e com um forte coice lançou-o no esterco, aos pés dos cadafalsos. O padre abandou-o ali com os ladrões"[78].

Buñuel mostrou o abandono dos pobres cadáveres dos *olvidados* nos lixões públicos, mas o usurário é um esquecido que fez por merecer.

Exatamente no que era, enfim a eternidade o transforma, o usurário típico é o usurário francês narrado por Eudes de Sully, bispo de Paris de 1196 a 1208. "Houve na França um usurário cujo empregado se chamava Inferno e a empregada Morte. Como morreu subitamente, não teve por coveiros senão o Inferno e a Morte"[79].

---

78 CRANE, T.F. (org.). *The "Exempla" or Illustrative Stories from the "Sermones vulgares" of Jacques de Vitry* [1890]. Op. cit., p. 75.
79 WELTER, J.T. (ed.). *Tabula exemplorum secundum ordinem Alphabeti*. Op. cit., p. 83.

A bolsa e a vida: o purgatório

Ao usurário a Igreja e os poderes leigos diziam: "Escolham: a bolsa *ou* a vida". Mas o usurário pensava: o que quero é "a bolsa *e* a vida". Os usurários impenitentes que, no momento da morte, prefeririam não restituir o dinheiro mal ganho ou até mesmo carregá-lo na morte, zombando do inferno que lhes prometiam, devem ter sido uma minoria. Podemos até mesmo nos perguntar se não se trata de usurários imaginados pela propaganda eclesiástica para transmitir melhor sua mensagem. Tal atitude só se explicaria pela descrença, e o descrente do século XIII aparece mais como uma hipótese do que como um personagem real. O usurário impenitente certamente foi ou um usurário imprevidente, surpreendido pela morte, apesar das advertências da Igreja, ou um usurário otimista, contando com a misericórdia de um Deus mais compreensivo do que a Igreja.

O século XIII é a época em que os valores descem sobre a terra. Claro que antes havia homens e mulheres empenhados na busca dos bens deste mundo, impelidos ao pecado pela atração dos prazeres terrenos, mas viviam em uma sociedade incompletamente cristianizada, em que a religião talvez tivesse imposto sua lei na superfície dos seres e das coisas, mas não havia penetrado todas as consciências e todos os corações. Um cristianismo afinal muito tolerante, exigindo dos clérigos e dos monges em particular – elite de "santos" a quem apenas convinha o perfeito respeito da religião e de seus valores – que fizessem penitência por todos os outros cujo cristianismo superficial toleravam desde que respeitassem a Igreja, seus membros e seus bens, e aceitassem cumprir de tempos em tempos penitências públicas e, se o pecado fosse bombástico, espetaculares. Um cristianismo que, apesar da busca interior de Deus, não exigia dos leigos que refreassem sua natureza selvagem. Pois os leigos eram violentos e iletrados, guerreiros que se precipitavam nos massacres, nas rapinas, nos raptos, cheios de *soberba*, trabalhadores – camponeses sobretudo – pouco diferentes dos animais, atazanados pela *inveja*, designados por Deus para servir as duas primeiras ordens da sociedade, como Cam tivera de servir a Jafé e Set.

Laicato, mundo da violência selvagem. Diante dessa violência, a Igreja, auxiliada pelos reis e pelos imperadores, buscava fazer reinar a ordem, a ordem exterior. Aplicavam aos pecados um código de penitências preestabelecidas, inspiradas nas penas editadas pelas leis bárbaras. Não corrigiam seu ser, redimiam sua falta. O ideal monástico era o dos *contemptus mundi*, do desprezo, da recusa do mundo. Este era um assunto de monges. Para os leigos, Deus estava longe e o mundo próximo, duro, corroído pela fome, pelas doenças e pelas guerras, não oferecia um conjunto globalmente atraente. Apenas os poderosos tinham motivos de gozo e rendiam a Deus algumas graças, como fiador de seu poder. Aos poderosos e aos fracos, a Igreja dizia que o mundo envelhecia, mergulhava na ruína e que era preciso pensar na salvação. A maioria dos leigos pensava que era preciso, para os grandes, aproveitar bem o pouco de tempo que restava, para os pequenos, arrancar desta terra as migalhas de prazer ao seu alcance. Certamente havia Deus e o juízo final. Mas os homens não conseguiam estabelecer um vínculo estreito entre a vida deles e o que seria o julgamento de Deus em relação a eles. Esse Deus se assemelhava aos deuses sedentos que seus ancestrais por muito tempo adoraram, forças da natureza (carvalhos, fontes, rochedos destruídos ou batizados pela Igreja), ídolos abatidos pelos padres e monges, substituídos por igrejas, estátuas – um Deus inteiramente diferente e que a massa leiga, superficialmente cristianizada, buscava satisfazer com as mesmas oferendas ou com dons novos semelhantes aos antigos. Os poderosos e os ricos davam terras, dinheiro, joias, rendas; os pobres, alguns de seus filhos – os oblatos dos monastérios –, dons mais humildes. Como era um povo de submissos, impuseram aos camponeses, que eram a maioria, uma pesada oferenda, a décima parte das colheitas, o dízimo. Deus era representado na terra por seus santos e pela Igreja. Foi para eles que os leigos deram esses "presentes".

Uma grande mudança ocorreu por volta do ano 1000, que chamamos *feudalismo*. Ele certamente aumentou as injustiças e as desigualdades, mas ofereceu à massa uma certa segurança, da qual nasceu um relativo bem-estar. A Igreja repensou a nova sociedade. De um lado, buscou se desfazer de sua imbricação no século. De outro, esforçou-se para cristianizar realmente a sociedade. E o fez segundo os métodos habituais aos poderosos: a cenoura e o bastão.

O bastão foi satanás. Vindo do longínquo e profundo Oriente, o diabo foi racionalizado e institucionalizado pela Igreja e começou a funcionar melhor lá pelo ano 1000. O diabo, flagelo de Deus, general de um exército de demônios bem-organizado, senhor em suas terras, o inferno, foi o chefe de orquestra do imaginário feudal. Mas ele podia apenas – uma vez que Deus no paraíso admitia forçosamente apenas uma minoria de perfeitos, de santos – oferecer um além sem esperança a uma sociedade que cada vez menos conseguia pensar segundo o modelo estritamente antagonista dos bons e dos maus, do preto e do branco.

A sociedade impiedosa e maniqueísta da Alta Idade Média tornava-se insuportável. As massas impuseram à Igreja, que o impôs à aristocracia e aos príncipes, que procuraram utilizá-lo em benefício próprio, o movimento de *paz* (que se transformou, p. ex., na Normandia na "paz do duque", na França na "paz do rei"). Não, esta terra não podia ser apenas um vale de lágrimas, apenas uma vigília de apocalipse! Desde o ano 1000, Raul Glabre, monge de Cluny, encantava-se com o novo manto branco de igrejas. Esse manto não era a neve do inverno, e sim a floração de uma primavera. A terra, mais bem cultivada, rendia mais. Máquinas (charruas com rodas e com aiveca, teares, moinho); ferramentas (grade para esterroar, relha de ferro); técnicas (maneiras de lavrar e de cuidar a vinha, sistema de came transformando o movimento contínuo em movimento alternado, emergência, ao lado dos números simbólicos, de uma aritmética que engendra, segundo Alexander Murray, uma verdadeira mania de contar por volta do ano de 1200: tudo isso não se chamava progresso (será preciso esperar o século XVIII), mas era percebido como um crescimento. A história, que se desvigorava, começava a se recuperar, e a vida terrena podia, e devia mesmo ser o início, o aprendizado de uma subida em direção a Deus. É aqui na terra, colaborando com sua obra de criação – senão por que Deus teria criado o mundo e o homem e a mulher? A cenoura foi o *purgatório.* O purgatório nasce no final dessa grande transformação desejada pela Igreja como uma modificação de toda a sociedade: a reforma gregoriana.

O usurário viveu muito mal a primeira fase dessa mudança. O usurário judeu, mais e mais confinado a essa função pela sociedade cristã, ainda que não cometesse pecado, nem em relação à lei judaica nem em relação à lei cristã, sofreu, em razão do antijudaísmo latente, o avanço do antissemitismo, cujas baforadas eram atiçadas pela luta antiusurária da Igreja e dos príncipes cristãos. O usurário cristão havia escolhido, entre os valores terrenos em alta, o mais detestado, mesmo se fosse materialmente cada vez mais procurado: o dinheiro. Não faço do usurário cristão uma vítima, mas um culpado que compartilha seu erro com o conjunto da sociedade, que o desprezava e o perseguia, apesar de se servir dele e de compartilhar sua sede de dinheiro. Não prefiro os hipócritas aos cúpidos.

Em ambos os casos uma certa inconsciência não é uma desculpa. Marx, em *O capital*, soube lembrar a parcela de usura que subsistia no capitalismo.

O que procuro neste livro é precisamente mostrar como um obstáculo ideológico pode travar, retardar o desenvolvimento de um novo sistema econômico. Creio que este fenômeno é mais bem compreendido examinando os homens que são seus atores em vez de examinar apenas os sistemas e as doutrinas econômicas. O que contesto é a perduração de uma velha história da economia e do pensamento econômico. Ela me parece tanto mais ineficaz para a Idade Média porque não havia então doutrina econômica da Igreja nem pensadores economistas. A Igreja, os teólogos, os canonistas e, não os esqueçamos, os pregadores e os confessores da Idade Média, quando tratavam de questões religiosas, neste caso do *pecado* de usura, mostraram o impacto da religião sobre fenômenos que hoje chamamos "econômicos". Ao não reconhecerem a especificidade dos comportamentos e das mentalidades da Idade Média – com felizes exceções –, as teorias econômicas e as histórias do pensamento econômico moderno recusaram uma autêntica compreensão do passado e, portanto, também nos privaram de uma maneira de ver o presente através do passado.

Um grande poeta como Ezra Pound talvez tenha cedido demais à imaginação passadista em sua evocação do século XIX usurário. Ninguém melhor do que ele disse o que foram historicamente a usura e o usurário.

O historiador, que não deve cair no ecletismo, tem, no entanto, poucas chances de propor uma explicação satisfatória apostando em uma causa única e dominante. Uma triste posteridade do marxismo está morta devido a essa crença redutora e aberrante. A salvação do usurário não se deve apenas ao purgatório. Antes de destacar esse elemento, para mim decisivo mas complementar, é preciso explorar as outras vias que conduzem à aceitação do usurário.

Elas são duas: a *moderação* na prática e o aparecimento de *novos valores* no campo das atividades econômicas.

Nos textos, a condenação da usura era total. Sabemos o quanto é raro que os princípios passem integralmente à realidade. Usura e juros são duas coisas diferentes, e a Igreja nunca condenou todas as formas de juros. No século XIII, século da obsessão contabilista, a elevação dos juros decorrente do empréstimo usurário determinou amplamente a atitude das autoridades e da sociedade em relação aos usurários.

Na cobrança dos juros, mesmo com uma regulamentação eclesiástica que, aliás, tomava o preço do *mercado* como base do preço *justo*, as taxas dependiam em parte da lei da oferta e da procura e eram um barômetro parcial da atividade econômica: "De uma maneira geral, escreve Gérard Nahon, mais um país avança na via do desenvolvimento, mais o aluguel do dinheiro abaixa. Na Áustria, um privilégio de 1244 fixava a taxa em 8 denários por semana, ou seja, 74%, o que mede a temperatura do subdesenvolvimento desse país"[80].

A usura com efeito não parece ter sido habitualmente reprimida quando não ultrapassava a taxa de juros praticada nos contratos em que era tolerada. A taxa do mercado era admitida dentro de certos limites, espécie de regulamentação que tomava por referência o mercado, mas lhe impunha alguns freios. Como a Igreja poderia não intervir? Mesmo tolerando muito dos poderosos, ela queria controlar tudo, e buscava exercer verdadeiramente uma de suas funções essenciais, a proteção dos pobres, com os quais se identificava idealmente, embora sua prática a esse respeito não fosse muito rigorosa.

A Igreja era também a memória do passado. Ora, a lei romana, substituída pela legislação bizantino-cristã de Justiniano, e as leis bárbaras da alta Idade Média autorizavam uma usura anual de 12% e a taxa de 33,5% deve ter se tornado, entre o ano 1000 e o século XIII, o teto autorizado, pois é este que os reis da França, Luís VIII

---

[80] Le Credit et les Juifs dans la France du XIIIe Siècle. *Annales E.S.C.*, 1969, p. 1.137.

(1223), São Luís (1230-1234), impõem aos usurários judeus. As taxas de juros praticadas nas grandes praças mercantes italianas no século XIII foram até mesmo muitas vezes inferiores. Em Veneza, elas variavam habitualmente de 5 a 8%. Mas havia picos, como no caso da Áustria. Se, em Florença, as taxas permaneciam geralmente entre 20 e 30%, ela podia subir até 40% em Pistoia e em Lucas. O inquérito de Felipe o Belo em 1284 revela entre os emprestadores de dinheiro *lombardos*, muitas vezes assimilados aos judeus e aos caorsinos, portanto aos usurários, taxas de 34 a 266%. Em contrapartida, o excelente estudo de R.H. Helmolz sobre a usura na Inglaterra no século XIII mostra que se as taxas de juros variam de 5,5 a 50%, a grande maioria se situa entre 12% e 33,3%.

Na verdade, mesmo os textos oficiais condenam explicitamente apenas os usurários *que exageram*. Em 1179, o Terceiro Concílio de Latrão designa à repressão somente os usurários "manifestos" (*manifesti*), também chamados "comuns" (*communes*) ou *"públicos"* (*publici*). Creio que se tratava de usurários que a *fama*, o "renome", o rumor público, designava como usurários não amadores mas "profissionais" e que, sobretudo, praticavam usuras *excessivas*.

Quando o Quarto Concílio de Latrão (1215) novamente condena as usuras dos judeus, refere-se apenas àquelas que são "pesadas e excessivas" (*graves et immoderatas*).

De modo geral, a condenação da usura se aproxima da condenação do excesso pelo direito canônico, que se encontra nos contratos de venda sob o termo de *laesio enormis*, "prejuízo enorme", emprestado do direito romano.

Esta noção de *moderação* não passa de um caso particular do ideal de *medida* que, do século XII ao século XIII, sob o efeito da evolução histórica e dos autores antigos redescobertos pelo "renascimento do século XII", se impõe na teologia, de Hugo de Saint-Victor a Tomás de Aquino, e nos costumes. No coração do século XIII, São Luís pratica e louva o equilíbrio em todas as coisas, no vestuário, na mesa, na devoção, na guerra. O homem ideal para ele é o *prudhomme** que se distingue do corajoso na medida em que alia à proeza a sabedoria e a *medida*. O usurário moderado tem, pois, alguma chance de passar através das malhas da rede de satanás.

A outra chance é que a parte interditada, condenada de seu território, diminua, se reduza. As novas práticas e os novos valores que se desenvolvem no campo daquilo que chamamos economia restringem o campo da usura. A tradição escolástica define assim cinco *desculpas*.

As duas primeiras vinculam-se à noção de *indenização*: é o *damnum emergens*, o aparecimento inesperado de um prejuízo causado pelo atraso no reembolso. Ele justifica o recebimento de um juro que não é mais uma usura. É também o *lucrum cessans*, o impedimento de um lucro superior legítimo que o usurário poderia ter ganhado aplicando o dinheiro emprestado com usura em um investimento mais vantajoso.

A terceira, a mais importante, a mais legítima aos olhos da Igreja, é quando a usura pode ser considerada como um salário, a remuneração do *trabalho* (*stipendium laboris*). É a justificativa que salvou os mestres universitários e os mercadores não usurários. Ensinar a ciência é cansativo, supõe um aprendizado e métodos que resultam do trabalho. Deslocar-se por terra e por mar, ir às feiras ou mesmo manter uma contabilidade, trocar moedas é também um trabalho e, como todo trabalho, merece salário.

De modo menos evidente e, sobretudo, menos habitual, o usurário pode trabalhar: não tanto no empréstimo e na recuperação de um dinheiro que, contra a natureza, produziria constantemente, mesmo à noite, sem cansaço, mas na aquisição do dinheiro que ele dará com usura e na utilização que fará do dinheiro usurário – não uma doação, prática louvável, mas ociosa, mas para uma atividade realmente produtiva.

---

* *Prudhomme*: homem cuja sabedoria, probidade, lealdade, valentia e experiência são reconhecidas por todos [N.T.].

Por fim, as duas últimas desculpas provêm de um valor relativamente novo na sociedade cristã: o *risco*. Certamente esse valor já existia: risco do monge que, como Santo Antônio, na solidão, se expõe aos assaltos particularmente perigosos de satanás; risco do guerreiro que, como Rolando, enfrenta a morte para defender a Igreja e a fé, e, na sociedade feudal, seu senhor; risco do leigo disposto a sacrificar sua vida e seus bens nas rotas terrestres ou marítimas da peregrinação e, sobretudo, da Cruzada. Esse novo risco é de ordem econômica, financeira e toma a forma do perigo de perder o *capital* emprestado (*periculum sortis*), de não ser reembolsado, ou por causa da insolvência do devedor, ou por causa de sua má-fé. O segundo caso é o mais interessante (e como o precedente é, aliás, contestado por certos teólogos e canonistas): é o cálculo de incerteza (*ratio incertitudinis*). Esta noção – influenciada pelo pensamento aristotélico que penetra na teologia e no direito canônico depois de 1260 – reconhece ao *certo* e ao *incerto*, na previsão, no cálculo econômico, um lugar que desempenhará um importante papel no estabelecimento do capitalismo.

Assim, um número crescente de usurários tem chances de serem salvos do inferno, seja por sua moderação, seja pelo deslocamento de sua atividade para as novas áreas de empréstimo a juros autorizado. Mas são muitos os usurários que continuam ameaçados com o inferno devido às suas práticas, e principalmente ao empréstimo para o consumo. Ora, nem eles escaparam à evolução religiosa que se desenvolveu ao longo do século XII e vivenciam a inquietude diante das novas formas de confissão, de contrição, de remissão. A nova paisagem do além não pode lhes oferecer uma possibilidade de salvação?

Aqui evoco apenas rapidamente o nascimento, no final do século XII, de um novo lugar longamente descrito e analisado em outra obra. O cristianismo herdara da maior parte das religiões antigas um duplo além, de recompensa e de castigo: o paraíso e o inferno.

Herdara também um Deus bom, mas justo, juiz pleno de misericórdia e de severidade que, tendo deixado ao homem um certo livre-arbítrio, o punia quando o usara mal e o abandonava então ao gênio do mal, satanás. O ponteiro para o paraíso ou para o inferno se movia em função dos pecados cometidos aqui na terra, lugar de penitência e de provações para o homem maculado pelo pecado original. A Igreja controlava mais ou menos esse processo de salvação ou de condenação por meio de suas exortações e advertências, pela prática da penitência que aliviava os homens de seus pecados. A sentença se reduzia a dois veredictos possíveis: paraíso ou inferno. Ela seria pronunciada por Deus (ou por Jesus) no juízo final e valeria para toda a eternidade. Desde os primeiros séculos, os cristãos, como testemunham principalmente as inscrições funerárias, esperaram que o destino dos mortos não estivesse definitivamente selado com a morte e que as orações e as oferendas – os *sufrágios* – dos vivos pudessem ajudar os pecadores mortos a escapar do inferno ou que, ao menos, aguardando a sentença definitiva no juízo final, eles beneficiariam de um tratamento mais suave do que aquele dos piores condenados ao inferno.

Mas não havia nenhum conhecimento preciso desse eventual processo de remissão após a morte, e essa crença não conseguia se cristalizar, principalmente por causa da desordem da geografia dos lugares infernais onde não se distinguia nenhum receptáculo para os beneficiários dessa retardação do inferno ou do paraíso. Os autores dos inúmeros relatos de viagens no além – na realidade ou em visão – dos vivos privilegiados sob a conduta de um guia autorizado (em geral os arcanjos Rafael ou Gabriel, um importante santo como São Paulo ou, então, com o renovado interesse pela cultura clássica, Virgílio no caso de Dante, mas em um momento em que o purgatório já nasceu) não localizam o lugar onde se redimiam depois da morte os pecados ainda não apagados e expiáveis. A tendência era considerar dois infernos, um, inferior, e o outro, superior, para os condenados menos culpados. A Igreja controlava esses relatos de viagem dos quais desconfiava, herdeiros da apocalíptica judaica e cristã, muitas vezes próximos da heresia, invadidos de cultura "popular" com emanações "pagãs", mas que se difundiam no seio da cultura monástica.

Quando, na expansão do Ocidente, do ano 1000 ao século XIII, os homens e a Igreja avaliaram como insuportável a oposição simplista entre o paraíso e o inferno, e quando as condições estavam reunidas para definir um terceiro lugar do além onde os mortos podiam ser purgados de seu resíduo de pecados, uma palavra apareceu, *purgatorium*, para designar esse lugar enfim identificado: o *purgatório*. Ele se insere, lembro, nessa interiorização do sentimento religioso que, da intenção à contrição, exige do pecador muito mais uma conversão interna do que atos exteriores. Ele se integra também em uma socialização da vida religiosa que considera muito mais os membros de uma categoria social e profissional do que os componentes de uma ordem. Resulta, por fim, de uma tendência geral em evitar os enfrentamentos causados por um dualismo redutor, distinguindo, entre os polos do bem e do mal, do superior e do inferior, os médios, os intermediários e, entre os pecadores, os nem tão bons nem tão maus – distinção agostiniana – que não estão imediatamente destinados nem ao paraíso nem ao inferno. Se eles se arrependeram sinceramente antes de morrer, se só estão carregados de pecados veniais e de resíduos de pecados mortais lamentados, senão inteiramente apagados pela penitência, não são condenados à perpetuidade, mas por algum tempo. Permanecerão durante um determinado período em um lugar chamado purgatório, onde sofrerão penas comparáveis às do inferno, infligidas também pelos demônios.

A duração dessa dolorosa estada no purgatório não depende apenas da quantidade de pecados que ainda carregam ao morrer, mas da afeição de seus próximos. Estes – parentes carnais ou parentes artificiais, confrarias de que faziam parte, ordens religiosas de que foram benfeitores, santos por quem manifestaram uma devoção particular – podiam abreviar essa estada no purgatório com suas preces, suas oferendas, sua intercessão: solidariedade crescente entre os vivos e os mortos.

Os mortos no purgatório beneficiavam também de um acréscimo de biografia, como escreveram justamente Philippe Ariès e Pierre Channu. Sobretudo, eles estavam seguros de que ao sair de suas provações purificantes estariam salvos, que iriam para o paraíso. O purgatório, com efeito, *tem apenas uma saída*: o paraíso. O essencial se passa quando o morto é enviado ao purgatório. Ele sabe que no final será salvo, o mais tardar no juízo final.

A consequência do nascimento do purgatório é a extrema dramatização da aproximação da morte, do momento da agonia. É imediatamente depois, quando do julgamento *individual* que ocorre em seguida à morte, que Deus pronuncia a grande decisão: paraíso, inferno ou purgatório. Julgamento individual, portanto, para um morto bem-individualizado, responsável. A agonia do usurário é a esse respeito particularmente angustiante: como membro de uma profissão ainda ilícita por natureza e como indivíduo, ele é um condenado vivo que se aproxima da boca do inferno. Conseguirá se salvar no último momento? Terrível suspense.

O purgatório não tinha sido consciente ou explicitamente descoberto para esvaziar o inferno. Mas, na prática, era esta a tendência. Para lutar contra esse pendor ao laxismo, a Igreja, no século XIII, acentuará o caráter infernal das penas do purgatório, mas sem mudar sua saída: o paraíso.

Mas e o usurário, ele não é um "de todo mau"? Ora, eis que encontramos no último capítulo do *Dialogus miraculorum*, de Cesário de Heisterbach (por volta de 1220), em que o cisterciense apresenta um número mais ou menos igual de *exempla* apresentando mortos no inferno, no purgatório e no paraíso. Em um canto do purgatório, de repente, o inesperado, o extraordinário: um usurário.

"O monge. – Um usurário de Liège morreu, em nossa época. O bispo mandou expulsá-lo do cemitério. Sua mulher foi até a sede apostólica implorar para que fosse enterrado em terra santa. O papa recusou. Ela defendeu então seu esposo: 'Disseram-me, Senhor, que homem e mulher são apenas um e que, segundo o Apóstolo, o homem infiel pode ser salvo pela mulher fiel. O que meu marido esqueceu de fazer, eu, que sou parte de seu corpo, farei de boa vontade em seu lugar. Estou disposta a me tornar reclusa por ele e a redimir junto a Deus seus pecados'. Cedendo às preces dos cardeais, o papa mandou devolver o morto ao cemitério. Sua mulher escolheu um domicílio junto de seu túmulo, trancou-se como reclusa e se esforçou dia e noite para apaziguar Deus a fim de salvar sua alma por meio de esmolas, jejuns, preces e vigílias. Ao final de sete anos, seu marido lhe apareceu, vestido de preto, e lhe agradeceu: 'Deus lhe pague, pois graças às suas provações fui retirado das profundezas do inferno e das mais terríveis penas. Se me prestar tais serviços por mais sete anos, estarei completamente livre'. Ela o fez. Ele lhe apareceu novamente ao final de sete anos, mas, desta vez, vestido de branco e feliz. 'Obrigado a Deus e a você, pois fui libertado hoje'".

"O noviço – Como ele pode, hoje, se considerar livre do inferno, lugar de onde não há remissão possível?

"O monge – As profundezas do inferno, ou seja, as agruras do purgatório. Assim como a Igreja ora pelos defuntos dizendo: 'Senhor Jesus Cristo, Rei de Glória, liberte as almas de todos os fiéis defuntos da mão do inferno e das profundezas do abismo etc.', ela não ora pelos condenados, mas por aqueles que podem ser salvos. A mão do inferno, as profundezas do abismo, isso significa aqui as agruras do purgatório. Quanto ao nosso usurário, ele não teria sido libertado de suas penas se não tivesse expressado uma contrição final"[81].

Eis, pois, um usurário fantasma. O purgatório também serve para selecionar os fantasmas. Saem dali aqueles a quem Deus permite ou ordena um breve retorno à terra para ilustrar a existência do purgatório, para pedir a seus próximos que apressem com sufrágios sua libertação, como o usurário de Liège. É preciso ouvi-los. Ao contrário, os fantasmas não autorizados devem ser expulsos, mas também podem propor uma lição a partir de seu destino miserável. Como, na obra de Cesário, este cavaleiro usurário:

"Um cavaleiro ao morrer, depois de ter adquirido bens pela usura, deixou sua herança para seu filho. Uma noite ele veio bater forte em sua porta. Um jovem criado correu e perguntou-lhe por que ele batia. Ele respondeu: 'Deixe-me entrar, sou o senhor deste domínio', e se identificou. O criado, olhando pelo buraco da porta, reconheceu-o e respondeu: 'Certamente meu senhor está morto, não o deixarei entrar'. O morto continuou batendo, mas sem sucesso, e afinal disse: 'Leve a meu filho esses peixes com os quais me alimento, deixo-os pendurados em sua porta'. Ao sair de manhã, eles encontraram em um cesto uma variedade de sapos e de serpentes. Eis o que se come no inferno, e é cozido no fogo do enxofre"[82].

Claro que existe um meio para o usurário escapar do inferno e até do purgatório: restituir. Étienne de Bourbon destaca: "O usurário, se quiser evitar a condenação, deve *devolver* [a palavra é muito forte, *evomat*, devolver pelo vômito] pela restituição o dinheiro mal adquirido e confessar sua falta. Ou seja, ele os *devolverá* [pelo vômito, *evomet*, certamente neste caso a ser tomado ao pé da letra] pelo castigo no inferno"[83]. Restituição e confissão, no temporal e no espiritual.

---

81 HEISTERBACENSIS, C. *Dialogus miraculorum*, II, VIII. Op. cit., p. 335-336.

82 Ibid., p. 18.

83 MARCHE, A.L. *Anecdotes historiques, légendes et apologues tirés du recueil inédit d'Etienne de Bourbon, dominicain du XIIIe siècle*. Op. cit., p. 362.

Mas é preciso restituir tudo e a tempo. Ora, não apenas muitos usurários hesitam e são reticentes até ser demasiado tarde, como, além disso, a restituição nem sempre é simples de ser feita. A vítima do usurário pode estar morta e seus descendentes não serem facilmente encontráveis. A devolução do dinheiro ganho com a usura pode ser difícil se esse dinheiro foi gasto ou investido em uma compra que não se pode anular ou recuperar. A usura se apoia no tempo. O usurário vendeu, roubou tempo, e isso só poderia ser perdoado se devolvesse o objeto roubado. É possível devolver, trazer o tempo de volta? Enredados nessa dimensão temporal das práticas econômicas ligadas ao numerário, os homens da Idade Média remontam o tempo com uma dificuldade ainda maior do que voltam a descê-lo.

O problema é sobretudo difícil se o usurário deixa viúva e filhos. A questão preocupa seriamente teólogos e canonistas

Aqui intervém o último e deveras importante personagem: a *mulher*, logo mais a *viúva do usurário*.

Sobre isso, Tomás de Chobham diz o seguinte: "O que dizer da mulher de um usurário que não tem outros recursos além daqueles obtidos pela usura. Ela deve deixá-lo por causa de sua incorrigível fornicação espiritual ou continuar com ele e viver do dinheiro usurário?

"São duas as opiniões.

"Uns dizem que ela deve viver do trabalho de suas mãos se conhecer um ofício, ou dos recursos de seus amigos. Se não tiver nem amigos nem ofício, pode também deixar seu marido, tanto por causa da fornicação espiritual quanto corporal, pois não deve o serviço de seu corpo a tal marido, ela seria como uma idólatra, pois a cupidez (*avaritia*) é como o *adorador de ídolos* (Ef 5,5).

"Outros dizem que elas devem fazer como o Senhor que comeu com pecadores e ladrões que não lhe davam senão o bem de outrem, mas que Ele se fez o advogado dos pobres e persuadiu os ladrões a devolver o que tinham tomado (Lc 19), e que assim se alimentou licitamente dos bens deles. Do mesmo modo a mulher do usurário pode persuadir seu marido a restituir as usuras ou a tomar menos usuras dos pobres (*vel minores usuras accipiat a pauperibus*), e trabalhando por eles e defendendo a causa deles, ela pode licitamente viver dos seus bens"[84].

É possível observar aqui a alusão à tolerância das usuras moderadas, da "pequena" usura.

O texto seguinte se refere aos filhos: "É alguém que não possuiria nada além do produto da usura e que desejaria se arrepender. Se restituir tudo o que possui, suas filhas terão de se prostituir e seus filhos de se tornar bandidos, ele mesmo pedirá esmolas e sua mulher o deixará. A Igreja não poderia lhe dar um conselho a fim de que não tivesse de restituir tudo? Dizemos que um bom conselho seria o de pedir para ser dispensado de tal obrigação por aqueles a quem deveria restituir. Se não obtiver essa graça, acreditamos que, como qualquer homem em uma extrema necessidade pode viver do bem de outrem para não morrer, como dito mais acima, desde que tenha a intenção de restituir quando puder, o próprio usurário, em tal necessidade, pode guardar, do seu dinheiro usurário, do que viver, desde que viva em uma extrema parcimônia e que tenha a intenção firme de tudo restituir quando puder"[85].

Encontramos aqui o valor da *intenção* e a desculpa da *necessidade*.

Em todos esses casos em que se traça o destino eterno do usurário, o papel da mulher é importante. Ela deve buscar persuadi-lo a abandonar esse ofício maldito e a restituir o dinheiro que o levará ao inferno. Muitas mulheres de usurários o fazem nos *exempla*. Em geral é uma figura tocante, digna de interesse, semelhante a esses personagens balzaquianos femininos vivendo à sombra de maridos ou de pais cúpidos, por vezes aterrorizadas a ponto de não ousar lhes falar, menos ainda de criticá-los,

---

84 CHOBHAM, T. *Summa confessorum*. Lovaina: F. Broomfield, 1968, p. 506-507.
85 Ibid., p. 515-516.

tentando redimir na sombra da prece a ignomínia do homem. A Igreja sempre teve uma imagem dupla da esposa. Ora ela a denuncia como a Eva que leva Adão a sucumbir à tentação, ora nela deposita suas esperanças para converter ou corrigir o esposo diabólico.

Mas, no interior dessa tradição, há uma conjuntura dos papéis do esposo e da esposa no casamento e, paralelamente, da imagem que a Igreja e a sociedade propagam de cada um. Nesse momento em que, em uma transformação geral, também mudam – como Georges Duby, entre outros, mostrou brilhantemente – a concepção e a prática do casamento, a mulher parece, sem entrar nos detalhes, beneficiária dessa transformação. O modelo eclesiástico do casamento, monogâmico e indelével, muda; ele evolui para o estatuto de sacramento; está fundado no consentimento *mútuo* dos esposos e na consumação carnal; o contrato dá uma melhor participação, uma melhor proteção à mulher. Não é exemplar do "novo" casal a mulher do usurário de Liège que relembra orgulhosamente ao papa a definição que a Igreja lhe deu do casamento e que cita São Paulo: "Homem e mulher são apenas um"? A Igreja, na reforma geral em que se engajou, hesita em reter seja o que for da antiga lei que possa fundar uma responsabilidade coletiva. O dinheiro que o homem ganhou com a usura no contexto de uma economia de sociedade torna-se o dinheiro do casal por sua utilização na economia doméstica, familiar. Como atingir o homem sem atingir a mulher? O *exemplum* do usurário de Dijon dá uma resposta metafórica, impressionante mas pouco utilizável na vida cotidiana. A estátua que cai mata o marido usurário e poupa a mulher antes de o casamento ser consumado.

"O coração também tem suas lágrimas"

Na via da salvação sigamos agora a mulher do usurário de Liège, que também é um modelo-limite, uma vez que, depois de sua orgulhosa reivindicação conjugal, ela redimiu com seu sacrifício seu esposo usurário, recebendo como agradecimento e encorajamento apenas a gratidão de uma aparição e a visão de uma *aritmética* do sistema do purgatório encarnada de forma bastante grosseira. O corpo do fantasma é um barômetro em branco e preto do tempo do purgatório. Em outros textos, o morto meio purgado aparece branco na parte de cima do corpo, negro na parte de baixo. Uma metade negra e uma metade branca: é o meio-tempo.

Eis outra – mais modesta – "boa mulher" de usurário: "Ouvi falar de uma boa mulher que tinha como esposo um usurário. Ela lhe pedia assiduamente que restituísse e se tornasse um pobre de Cristo em vez de um rico do diabo. Ele não concordou, mas repentinamente foi atraído por seu senhor daqui da terra, e só se libertou dando para sua redenção o dinheiro que havia adquirido com a usura. Foi libertado, mas sua mulher chorava amargamente. Ele a recriminou: 'Veja só! Estou pobre como você me desejava'. E ela: 'Não choro porque você está pobre, mas porque, com o desaparecimento do dinheiro que devia ser restituído, ficamos com o pecado, que deveria ter sido apagado com a restituição e com o arrependimento'"[86].

---

[86] MARCHE, A.L. *Anecdotes historiques, légendes et apologues tirés du recueil inédit d'Etienne de Bourbon, dominicain du XIII*ᵉ *siècle.* Op. cit., p. 364.

Muitas vezes, aliás, pode ser que os esforços da mulher sejam impotentes. Voltemos à história do camponês usurário da Diocese de Utrecht. Ao entrar no moinho vizinho, Godescalc ali encontrou o diabo que o levou para ver o assento que lhe estava reservado no inferno e, no entanto, não se arrependeu. Eis aqui o final detalhado, depois de seu retorno da viagem ao inferno: "Um padre, chamado às pressas a pedido da mulher do usurário para confortar o medroso, reanimar o desesperado e encorajá-lo nos assuntos da salvação, convidou-o a fazer a contrição de seus pecados e a fazer uma confissão sincera, assegurando-lhe que ninguém devia desesperançar da misericórdia de Deus"[87]. Foi aqui que o usurário, certo de sua condenação, recusou qualquer contrição, confissão e extrema-unção e foi enterrado no inferno. Sua mulher não desistiu: "O padre recusou-lhe a sepultura eclesiástica, mas sua mulher a comprou e ele foi enterrado no cemitério. Esta é a razão pela qual esse padre foi então punido pelo Sínodo de Utrecht"[88].

Para não ceder a uma admiração beata diante da atitude das viúvas usurárias, digamos que também existem as "más". Jacques de Vitry conta a história de um cavaleiro que, depenado por um usurário e preso por sua instigação, se casou com sua viúva e graças a ela desfrutou de todas as suas riquezas.

Étienne de Bourbon evoca a conduta da mulher de um usurário de Besançon: "Em seus últimos momentos ele não quis fazer nem testamento nem esmola, mas deixou todos os seus bens à disposição de sua mulher. Assim que ele morreu, esta avisou um de seus inimigos e com ele se casou. Uma mulher honesta a recriminou observando que o marido ainda estava quente no túmulo. Ela respondeu: 'Se ainda está quente, sopre em cima'. E estas foram as únicas esmolas feitas por sua alma"[89].

---

87 HEISTERBACENSIS, C. *Dialogus miraculorum*, II, VIII. Op. cit., p. 72.

88 Ibid.

89 MARCHE, A.L. *Anecdotes historiques, légendes et apologues tirés du recueil inédit d'Etienne de Bourbon, dominicain du XIIIe siècle*. Op. cit., p. 369.

O sistema tradicional de remissão à disposição do usurário durante sua vida, e ainda na hora da morte, compreendia: confissão, contrição (arrependimento) e satisfação (penitência). No caso dele, a penitência era a restituição. Mas a concepção do pecado e da penitência que se impunha, dos séculos XII ao XIII, privilegiava cada vez mais a *contrição*. Pressionado pela morte, privado pelo diabo da possibilidade de falar, portanto de se confessar, e como não tivera tempo de restituir, o usurário, pela contrição sincera, conseguia se salvar. Não era nem mesmo necessário, afinal, que se acreditasse na sua contrição, pois Deus sabia e às vezes revelava na terra, com um sinal, a verdade. Como a contrição sem penitência conduzia ao purgatório e que este não deixava de ser uma rude provação, por que não dar ao usurário o crédito de sua contrição?

Vejam o usurário de Liège. Ele não se confessou, ele não restituiu. Sua mulher sacrificou a si mesma, não aos seus denários, com exceção das esmolas. Ele tinha, portanto, forçosamente, como conclui o *exemplum* de Cesário de Heisterbach, "expressado uma contrição final".

A busca desta contrição do usurário podia não dar certo. Eis a história de um fracasso de São Domingos e da trapaça final de um usurário falsamente contrito: "Li, diz Étienne de Bourbon, no livro de um velho irmão, que São Domingos visitou na Lombardia, a pedido de algumas pessoas, um homem de lei, importante advogado e usurário, que estava gravemente enfermo. Na presença de um padre ele o incentivou a devolver suas usuras. Mas este recusava, dizendo que não queria deixar seus filhos e filhas na miséria. Por isso São Domingos se retirou com os outros e com o Corpo de Cristo. Angustiados, seus amigos lhe pediram que prometesse [se arrepender] até que tivesse recebido a confissão e para ter uma sepultura cristã. Ele prometeu, mas acreditando que os trapaceava. Como eles partiram depois de ele ter recebido a comunhão, ele começou a gritar que estava queimando e que tinha o inferno em sua boca. 'Estou todo em chamas' e, levantando a mão, 'ela está queimando toda', e também os outros membros. Foi assim que ele morreu e foi consumido"[90].

Eis, em contrapartida, graças a um hábil confessor, a contrição e a penitência obtidas de um usurário e de um assassino. "Um padre da Igreja de São Martinho de Colônia, durante a Quaresma, enquanto confessava uma velhinha, percebeu à sua frente dois de seus paroquianos sentados diante de uma janela conversando. Um era um usurário, o outro um assassino. A velhinha foi embora e o usurário veio se confessar.

"O padre lhe disse; 'Amigo, eu e você vamos enganar o diabo hoje. Você só precisa confessar oralmente seus pecados, abandonar intenção de pecar e aceitar meu conselho, e eu lhe prometo a vida eterna. Vou moderar sua penitência para que não seja pesada demais'. Ele sabia muito bem qual era seu vício. O outro respondeu: 'Se o que você me promete for verdade, utilizarei de bom grado o seu conselho'. E o padre o prometeu. O homem se confessou, renunciou à usura, aceitou uma penitência e disse ao seu companheiro assassino: 'Realmente temos um padre muito gentil; pela piedade de suas palavras, levou-me à penitência'. O outro, não querendo ficar para trás, foi se confessar e sentindo as mesmas marcas de piedade a seu respeito, recebeu uma penitência e a cumpriu"[91].

Histórias água com açúcar, mas que expressam uma vontade de salvar o usurário ao preço de alguma indulgência.

No entanto, o mesmo Cesário observa que é bem difícil salvar o usurário e que o valor de um arrependimento sem restituição é duvidoso. "É extremamente difícil corrigir, pois Deus não apaga o delito se o objeto do roubo não foi restituído. O fornicador, o adúltero, o homicida, o perjuro, o blasfemador, assim que se arrependem de seu pecado, obtêm a indulgência de Deus. Mas o usurário, ainda que se

---

90 Ibid., p. 366-367.
91 HEISTERBACENSIS, C. *Dialogus miraculorum*. Op. cit., p. 169

arrependa de seus pecados, enquanto retiver a usura, ao passo que poderia restituí-la, não obtém a indulgência de Deus"[92].

Arrependido duvidoso, o usurário agonizante, ou recém-morto, é muitas vezes objeto de uma luta encarniçada entre diabos e anjos. Um velho monge beneditino de nacionalidade saxã contou a Cesário de Heisterbach a história de um usurário muito rico que tinha em penhor os tesouros de várias igrejas. Ele foi acometido de uma doença mortal. Chamou um parente, abade beneditino, e lhe disse que não conseguia organizar seus negócios, que não podia restituir suas usuras. Se o abade prestasse contas de sua alma a Deus e lhe prometesse a absolvição de seus pecados, deixar-lhe-ia todos seus bens, móveis e imóveis, para que deles dispusesse como bem entendesse. O abade viu que o homem estava realmente contrito, que se arrependia verdadeiramente. Foi consultar o bispo, que lhe sugeriu responder pela alma do usurário diante de Deus e receber sua fortuna desde que devolvesse seu tesouro à sua igreja catedral. O abade correu ao encontro do moribundo e o pôs a par da conversa. O enfermo lhe disse: "Mande atrelar algumas charretes, retire tudo o que possuo e no final leve-me junto". Havia dois cofres de ouro e de prata, uma infinidade de ourivesaria, livros e ornamentos variados tomados em penhor, muito trigo, vinho e roupas de cama, e imensos rebanhos. Quando tudo foi retirado, o abade ordenou que colocassem o doente em uma liteira e se apressou para o monastério. Mas assim que cruzou a porta do monastério o doente expirou. O abade, que não esquecera seu engajamento, restituiu as usuras na medida do possível e deu largas esmolas em benefício da alma do usurário e dispôs o resto dos bens para o uso dos monges. O corpo foi colocado em uma capela, cercado de coros de cantores. Nesta mesma noite, os irmãos que cantavam viram aparecer quatro espíritos negros que se posicionaram à esquerda do caixão. A

---

92 Ibid., II, VIII.

essa visão, todos os monges exceto um, mais idoso, fugiram aterrorizados. De repente quatro anjos vieram ocupar o lugar à direita do caixão em frente aos outros demônios. Estes entoaram o Sl 35 de Davi em que Deus promete punir a injustiça e disseram: "Se Deus é justo e suas palavras verdadeiras, este homem nos pertence, pois é culpado de tudo isso". Os santos anjos replicaram: "Uma vez que vós citais o poema de Davi, ide até o final. Uma vez que vós vos calais, nós continuaremos". E cantaram os versos do salmista que tratavam da justiça insondável de Deus, e de sua misericórdia e da promessa: "'Os filhos dos homens esperarão a proteção de tuas asas'. Como Deus é justo e a Escritura verdadeira, este filho do homem nos pertence, ele se refugiou em Deus, irá na direção de Deus, pois esperou na proteção de suas asas'. Ele embriagará com a profusão de sua casa aquele que se embriagou com as lágrimas da contrição..." Diante dos demônios confusos e mudos, os anjos levaram ao céu a alma do pecador contrito evocando a palavra de Jesus: "Assim, eu vos digo, haverá alegria entre os anjos de Deus por um pecador que se converte" (Lc 15,10)[93].

Essa história de Cesário de Heisterbach no livro "da contrição" nos mostra o poder da contrição que lança ao paraíso, sem mesmo passar pelo purgatório, um usurário arrependido *in extremis*, mas cuja penitência foi, é verdade, executada em grande parte pelo abade, cujo monastério recebeu (como juro lícito?) algumas migalhas da fortuna do usurário.

À questão do noviço: "O que lhe foi mais proveitoso, as esmolas ou a contrição?" Cesário respondera: "Se não houvesse a contrição, as esmolas teriam sido um frágil auxílio".

Eis, portanto, para além do purgatório, o usurário do século XIII arrastado nesse movimento da devoção cristã para a vida interior. A salvação de um usurário vale as fadigas, e é preciso confiar em Deus

---

93 Ibid., p. 103-105.

para salvar, com ou sem purgatório, os usurários que apenas Ele, na ausência de confissão e de restituição, saberá se experimentaram uma autêntica contrição.

Mas a contrição não são algumas palavras da boca para fora. Se o usurário tem um coração, é ele que deve falar.

À ingênua mas oportuna questão do noviço que lhe pergunta se um homem sem olhos pode fazer contrição, uma vez que sem olhos não se pode chorar, Cesário responde: "A contrição não está nas lágrimas, mas no movimento do coração, sendo as lágrimas dos olhos um sinal, mas o coração também tem lágrimas". E acrescenta: "Todo homem, justo ou pecador, ainda que tenha morrido com uma suspeita de contrição (*in contritione etiam minima*), ele verá a Deus"[94].

Quanto cuidado com o usurário!

Jacques de Vitry termina seu segundo sermão sobre os usurários com um hino ao usurário arrependido. "Depois que se converteu a Deus, 'seu nome é respeitável diante dele', aquele que antes era chamado usurário será chamado penitente e justificado por Deus, aquele que era chamado cruel será chamado misericordioso, aquele que era chamado raposa e macaco será chamado cordeiro e pomba, aquele que era chamado servidor do diabo será chamado servidor de Nosso Senhor Jesus Cristo que vive..."[95]

O purgatório é decididamente apenas um dos gestos que o cristianismo faz ao usurário no século XIII, mas é o único que lhe garante o paraíso sem restrição. O purgatório, como diz Cesário de Heisterbach – a propósito não de um usurário, mas de uma pecadora com destino aparentemente também infernal, uma vez que, jovem monja, ela fornicou com um monge e Deus fez com que morresse no parto com o fruto de seu pecado –, o purgatório, mesmo neste caso, é a *esperança*[96]. A esperança, e em breve a quase certeza

---

94 Ibid., p. 108-109.
95 Sermão *Ad status*, n. 59, 18.
96 HEISTERBACENSIS, C. *Dialogus miraculorum*. Op. cit., XII, XXVI.

para o usurário disposto à contrição final, é de ser salvo, é de poder obter ao mesmo tempo a bolsa, aqui na terra, e a vida eterna no além. O usurário de Liège é a referência da esperança. Da usura, ele espera um benefício material, financeiro: "Se alguém, observa, por exemplo, Tomás de Chobham, empresta a juros a outrem, embora possa esperar (*sperare*) em retorno um juro pelo empréstimo..." Essa esperança terrena, ele parece disposto a preferi-la a uma outra esperança: a do paraíso. Esperança contra esperança. Mas a esperança do purgatório conduz à esperança do paraíso. Da estada mais ou menos longa no purgatório se sai *obrigatoriamente* para o paraíso. Riqueza e paraíso: dupla esperança.

Uma andorinha não faz o verão. Um usurário no purgatório não faz o capitalismo. Mas um sistema econômico só substitui um outro no final de uma longa corrida de obstáculos de todos os tipos. A história são os homens. Os iniciadores do capitalismo são os usurários, mercadores do futuro, mercadores do tempo que, desde o século XV, Léon Battista Alberti definirá como dinheiro. Esses homens são cristãos. O que os retém no limiar do capitalismo não são as consequências terrenas das condenações da usura pela Igreja, é o medo, o medo angustiante do inferno. Em uma sociedade em que toda consciência é uma consciência religiosa, os obstáculos são primeiramente – ou finalmente – religiosos. A esperança de escapar do inferno graças ao purgatório permite ao usurário fazer com que a economia e a sociedade do século XIII avancem em direção ao capitalismo.

Post-scriptum

Este ensaio já estava escrito quando soube de um texto que o sustenta por meio do excelente artigo de Elisabeth A.R. Brown: Royal Salvation and Needs of States in Late Capetian France (In: JORDAN, W.C.; McNAB, B.; RUIZ, T.F. (orgs.). *Order and Innovation in the Middle Ages* – Essays in Honor of Joseph R. Strayer. Princeton: Princeton University Press, 1976, p. 542-543): "Em um *quodlibet* (debate universitário) escrito no final do século XIII, Renier de Clairmarais examina a questão de saber se uma pessoa cujos executores testamentários retardam a distribuição dos bens deixados permanecerá por essa razão por mais tempo no purgatório. Se os bens foram deixados para fins de restituição, este atraso não afetará a duração da estada no purgatório, a menos que a pessoa tenha voluntariamente escolhido executores irresponsáveis; mas se o testador deixou seus bens em esmolas para obter o perdão de seus pecados, sua libertação do purgatório será retardada, ainda que seus sofrimentos não sejam aumentados..." Eis o usurário no purgatório como parte dos programas universitários...

Referências

A – Textos

a) Atas dos concílios

LEONARDI, C. (org.). *Conciliorum oecumenicorum decreta*. Bolonha/Viena, 1962.

WOLTER, H.; HOLSTEIN, H. *Histoire des conciles oecuméniques* – T. VI: FOREVILLE, R. *Latran, I, II, III, IV*. Paris, 1965. • T. VI: DUMEIGE, G. *Lyon I e Lyon II*. Paris, 1966. • T. VIII: LECLERC, J. *Vienne*. Paris, 1964.

b) Ordenanças reais (França)

Ordonnances des Roys de France. T. I. Paris: E. de Laurière, 1723.

c) Manuais dos confessores

ARTENSIS, A. *Summa*, liv. III, tit. XI.

CHOBHAM, T. *Summa confessorum*. Lovaina: E. Broomfield, 1968.

FRIBOURG, J. *Summa confessorum*, liv. II, tit. VII. Ed. Jean Petit, final do século XV, fol. 84-91.

PEÑAFORT, R. *Summa de poenitentia*, liv. II, tit. VII. Avinhão, 1715, p. 325-348.

d) Tratados teológicos

D'AUXERRE, G. *Summa in IV libros sententiarum*, liv. III, tr. XXVI.

LEFÈVRE, G. (org.). Le Traité *De usura* de Robert de Courçon. *Travaux et mémoires de l'université de Lille*, t. X, n. 30, 1902.

LESSINES, G. *De usuris* [Editado como Opus LXXIII da edição romana das *Oeuvres*, de Tomás de Aquino].

VAN ROEY, J. *De justo auctario ex contractu crediti*. Louvaina, 1903, p. 154-175 [Sobre Santo Tomás e a usura].

e) Dante

ALIGHIERI, D. *A divina comédia – Inferno*, canto XVII, v. 43-78. Trad. e notas de Italo Eugênio Mauro. São Paulo, Ed. 34, 2000.

PEZARD, A. *Dante sous la pluie de feu*. Paris, 1950.

f) Exempla

BREMOND, C.; LE GOFF, J.; SCHMITT, C. *Exemplum*. Turnhout, 1982 [Typologie des Sources du Moyen Age Occidental, fasc. 40].

CRANE, T.F. (org.). *The "Exempla" or Illustrative Stories from the "Sermones vulgares" of Jacques de Vitry* [1890]. Londres, 1967, p. 72.

HEISTERBACENSIS, C. *Dialogus miraculorum*, II, VIII. Org. por J. Strange. 2 vols. Colônia/Bonn/Bruxelas, 1851.

MARCHE, A.L. *Anecdotes historiques, légendes et apologues tirés du recueil inédit d'Etienne de Bourbon, dominicain du XIIIe siècle*. Paris, 1877.

SCHMITT, J.C. *Prêcher d'exemples – Récit de prédicateurs du Moyen Age*. Paris: Stock, 1985.

WELTER, J.T. (ed.). *Tabula exemplorum secundum ordinem Alphabeti*. Paris/Toulouse, 1926.

B – Trabalhos modernos sobre a usura e o usurário

BALDWIN, J.W. The Medieval Theories of the Just Price – Romanists, Canonists and Theologians in the XIIth and XIIIth centuries.

Transactions of the American Philosophical Society. Vol. 49. Filadélfia, 1959.

CAPITANI, O. Il De peccato usure di Remigio de Girolami. *Per la storia della cultura in Italia nel Duecento e primo Trecento* – Omaggio a Dante nel VII Centenario della Nascita. Espoleto, 1965 [núm. esp. de *Studi Medievali*, ser. 3, ano VI, fasc. II, 1965, p. 537-662].

CAPITANI, O. (org.). *L'etica economica medievale.* Bolonha, 1974.

HELMHOLZ, R.H. Usury and the Medieval English Church Courts. *Speculum*, vol. 61, n. 2, abr./1968, p. 364-380.

IBANES, J. *La Doctrine de l'Église et les réalités économiques au XIIIe siècle*: l'intérêt, les prix et la monnaie. Paris, 1967.

KIRSCHNER, J.; LO PRETE, K. Peter John Olivi's Treatises on Contracts of Sale, Usury and Restitution: Minorite Economics or Minor Works?" *Quaderni Fiorentini*, 13, 1984, p. 233-286.

LE BRAS, G. Usure. *Dictionnaire de Théologie catholique*, XV, 1950, col. 2.336-2.372.

LE GOFF, J. *Marchands et banquiers du Moyen Age.* Paris, 1956 [6. ed.: 1980] [Em port.: *Mercadores e banqueiros da Idade Média.* São Paulo: WMF Martins Fontes, 1991].

LE GOFF, J. The Usurer and Purgatory. *The Dawn of Modern Banking.* Los Angeles: Center for Medieval and Renaissance Studies/ University of California, 1979, p. 25-32.

LE GOFF, J. Usure et à peu près. *Mélanges offerts à Georges Guilbaud.*

LUZZATTO, G. Tasso d'interesse e usura a Venezia nei secoli XIII-XV. *Miscellanea in onore di Roberto Cessi.* Roma, 1958, p. 191-202.

McLAUGHLIN, T.P. The Teaching of the Canonists on Usury XII, XIII, XIVc. *Medieval Studies*, 1, 1939, p. 82-107; 2, 1940, p. 1-22.

NAHON, G. Le Credit et les juifs dans la France du XIIIe siècle. *Annales E.S.C.*, 1969, p. 1.121-1.148.

NELSON, B.N. The Usurer and The Merchant Price: Italian Businessmen and the Ecclesiastical Law of Restitution 1100-1500. *Journal of Economic History*, supl. 7, 1947, p. 104-122.

NELSON, B.N. *The Idea of Usury*: From Tribal Brotherhood to Universal Otherhood. Princeton, 1949 [2. ed.: Chicago, 1969].

NOONAN, J.T. *The Scholastic Analysis of Usury*. Cambridge, 1957.

ROOVER, R. *La Pensée économique des scolastiques, doctrines et méthodes*. Paris/Montreal, 1971.

SALVIOLI, G. La dottrina dell'usura secondo i canonisti e i civilisti italiani dei secoli XII e XIV. *Studi Fadda*, 3, 1906, p. 259-278.

SAPORI, A. L'interesse del danaro a Firenze nel Trecento. *Archivio Storico Italiano*, 1928, p. 161-186.

SAPORI, A. L'usura nel Dugento a Pistoia. *Studi Medioevali*, II, 1929, p. 208-216.

SCHILPEROORT, G. *Le Commerçant dans a littérature française du Moyen Age*, 1933.

SCHNAPPER, B. La répression de l'usure et l'évolution économique. *Tijdschrift voor Rechtsgeschiedenis*, 37, 1969, p. 53-57.

C – Trabalhos que podem esclarecer a usura e o usurário na Idade Média

ARIÈS, P. Richesse et pauvreté devant la mort. In:MOLLAT, M. (org.). Études *sur l'histoire de la pauvreté* – Moyen Age-XVIe siècle). 2 vols. Paris: Sorbonne, 1974, vol. II, p. 519-533.

BALDWIN, J.W. *Masters, Princes and Merchants*: The Social Views of Peter the Chanter and His Circle. 2 vols. Princeton, 1970.

BERIOU, N. Autour de Latran IV (1215): la naissance de la confession moderne et sa diffusion. In: GROUPE DE LA BUSSIÈRE. *Pratiques de la confessions*. Paris: Du Cerf, 1983, p. 73-93.

CHENU, M.D. *L'Eveil de la conscience dans la civilisation médiévale*. Montreal/Paris: Vrin, 1969.

GILCHRIST, J. *The Church and Economic Activity in the Middle Ages*. Nova York, 1969.

LE GOFF, J. *Les Intellectuels au Moyen Age* [1957]. Paris, 1985 [Em port.: *Os intelectuais na Idade Média*. 10. ed. São Paulo: José Olympio, 2003].

LE GOFF, J. Métier et profession d'après les manuels de confesseurs du Moyen Age. *Miscellanea Mediaevalia* – Vol. III: *Beiträge zum Berufsbewustsein des mittelalterlichen Menschen*. Berlim, 1964, p. 44-60 [Retomado em *Pour un autre Moyen Age*. Op. cit., p. 162-180].

LE GOFF, J. Métiers licites et métiers illicites dans l'Occidente medieval. *Annales de l'Ecole des hauts études de Gand*. Vol. V, p. 41-57 [Retomado em *Pour un autre Moyen Age*. Paris, 1977, p. 91-107] [Em port.: *Para uma outra Idade Média*. Petrópolis: Vozes, 2013].

LE GOFF, J. *La Naissance du purgatoire*. Paris: Gallimard, 1981 [Em port.: *O nascimento do purgatório*. Petrópolis: Vozes, 2017].

LITTLE, L.K. Pride Goes Before Avance: Social Change and the Vices in Latin Christendons. *American Historical Review*, LXXVI, 1971.

LITTLE, L.K. *Religious Poverty and the Profit Economy in Medieval Europe*. Londres: Paul Elek, 1978.

LOPEZ, R.S. *La Révolution commerciale dans l'Europe médiévale*. Paris, 1974.

MURRAY, A. *Reason and Society in the Middle Ages*. Oxford, 1978.

PARKES, J.W. *The Jew in the Medieval Community*: a Study of His Political and Economic Situation. Londres, 1938.

PIRENNE, H. *Histoire économique et sociale du Moyen Age*. Paris, 1969 [Em port.: *História economica e social da Idade Média*. São Paulo: Mestre Jou, 1999].

POLANYI, K.; ARENSBERG, C. *Trade and Market in the Early Empires*. Glencoe, 1957 [Em fr.: *Les Systèmes économiques dans l'histoire et dans a théórie*. Prefácio de M. Godelier. Paris, 1975].

ROOVER, R. *Business, Banking and Economic Thought in Late Medieval and Modern Europe* – Selected Studies. Org. de J. Kirschner. Chicago, 1974.

TRACTENBERG, J. *The Devil and the Jews*: The Medieval Conception of the Jew and its Reations to Modern Antisemitism. New Haven, 1943.

Leia também!

Conecte-se conosco:

 facebook.com/editoravozes

 @editoravozes

 @editora_vozes

 youtube.com/editoravozes

 +55 24 99267-9864

www.vozes.com.br

Conheça nossas lojas:

www.livrariavozes.com.br

Belo Horizonte – Brasília – Campinas – Cuiabá – Curitiba
Fortaleza – Juiz de Fora – Petrópolis – Recife – São Paulo

EDITORA VOZES LTDA.
Rua Frei Luís, 100 – Centro – Cep 25689-900 – Petrópolis, RJ
Tel.: (24) 2233-9000 – E-mail: vendas@vozes.com.br